Elogios para *Buen Día, Henry*

"Esta inusual y reveladora gema ofrece un contacto directo con la conciencia universal para restablecer la conexión más profunda contigo mismo, con la Tierra y con todo lo que vive en ella. Este libro es una poderosa invitación a abrir tu corazón a las sanadoras y sabias enseñanzas que provienen del interior y que exigen repetidas lecturas."

—PRAJNAPARAMITA, autor de *Alas de Libertad*,
fundador de La Roserie de Sacha

"Como psiquiatra, psicoterapeuta, doctor psicosomático y también neurólogo y neurocientífico, mi trabajo diario es tratar y sanar personas que están atravesando la noche oscura del alma. El libro nuevo de Tanis es una luz en la noche y una importante guía en el viaje para entrar en contacto con la sabiduría, la experiencia y el bienestar del cuerpo para conseguir una sanación y una transformación de la enfermedad más profunda. Este significativo libro apoya a todas las personas que valoran la nueva medicina y el nuevo entendimiento del cuerpo humano y de su poder curativo. Buen día, Henry es una guía en el camino."

—CHRISTIAN SCHOPPER, **Maestría en administración de empresas de salud**, neurología, psiquiatría, psicoterapia, medicina VAOAS Zurich y profesor en la Universidad de Zúrich

"¡Qué excelencia! Buen día, Henry es una fuente inacabable de percepciones extraordinaria sobre los múltiples niveles de la realidad que posee la vida humana. El estilo de escritura de Tanis Helliwell es tan dinámico, cautivante, claro y al mismo tiempo tan humorístico y alegre como sus conversaciones con Henry, que ayudan al lector a reflexionar y contemplar su propia vida."

—MARIELLE CROFT, astróloga y docente

"Creo que tu estilo es bastante único. Sin importar lo "casero", simplista y populista que intentas que sea tu libro, tus preguntas inteligentes e inquisitivas demuestran que no permites que se te escape nada, ya que no dejas piedra sin levantar. Creo que tu agilidad mental y tu gran inteligencia son la razón por la que estabas destinadas a escribir este libro."

—STEPHEN ROBERTS

Buen día, Henry

UN VIAJE HACIA LO PROFUNDO
CON LA INTELIGENCIA CORPORAL

TANIS HELLIWELL

Prólogo de RICHARD RUDD

Publicado por Wayshower Enterprises

Titulo original: *Good Morning Henry: an in-depth journey with the body intelligence*

© De la edición original
2022 por Tanis Helliwell

© De la edición española
Buen Día, Henry: Un viaje hacia lo profundo con la Inteligencia Corporal
2023 por Tanis Helliwell | Traducido por Ornella Quinteros

Espiritualidad | Sanación | Realización personal | Paz interior

CC BL624 .H45 2022 | DDC 204/.4—dc23

ISBN 978-1-987831-39-9 (Tapa blanda)

ISBN 978-1-987831-40-5 (Libro electronico)

Diseńo de portada e interior por Melany Hallam, Maywood Design

Publicado por Wayshower Enterprises

https://www.tanishelliwell.com
https://www.myspiritualtransformation.com

DEDICATORIA

A Paramahansa Yogananda y a todos los maestros
con mucha gratitud por toda la asistencia que
nos brindan para descubrir nuestro destino.

ÍNDICE

PRÓLOGO

Conocí en persona por primera vez a Tanis Helliwell algunos años atrás cuando vino a mi casa en Devon, Inglaterra a visitarme. Apenas la vi sentí que era una persona mágica, una persona con una gran sabiduría natural y una percepción especial de las distintas dimensiones de la conciencia. Yo soy un gran defensor del arte del «pensamiento mágico», y Tanis hace gala de esta capacidad. El pensamiento mágico es la habilidad de utilizar la imaginación creativa junto con la intuición para descubrir los secretos de la vida. No obstante, conozco muchas personas que piensan de manera mágica, pero ¿son todas ellas sabias? No lo creo. Por eso suele ocurrir que cuando nos embarcamos en un viaje para explorar la gran sabiduría perenne no llegamos más allá del reino de la fantasía. Los estantes de las librerías de la *nueva era* están llenos de este tipo de libros.

Este libro es diferente. Por supuesto que contiene gran cantidad de pensamiento mágico, pero también se nota que está escrito por alguien que ha experimentado realmente el sufrimiento y que ha trascendido muchas capas y muchos niveles de la realidad. Leer *Buen día, Henry* se siente como una transmisión espiritual directa, pero está escrito de una manera tan realista que casi no percibes las oleadas de sabiduría que te van empapando a medida que pasas las páginas.

Le lleva tiempo al alma humana madurar y desarrollar su sabiduría interior. Este libro está lleno de conocimiento que fue reunido luego de años y años de buscar, de preguntar y de esperar pacientemente a que todo lo aprendido cobre sentido. *El libro* también cubre un vasto territorio. No es un libro que una persona corriente pudiera haber escrito. Es el trabajo de una experimentada viajera del tiempo, una maga que entiende la naturaleza fractal de la realidad y que se siente a gusto dentro del laberinto de la verdad eterna.

Por supuesto que el adorable humor «leprechaunesco» está presente en estas páginas, y esta ligereza ayuda al lector a relajarse y a disfrutar del maravilloso paseo por el que nos lleva Tanis. *Buen día, Henry* no solo contiene conceptos alucinantes, sino que también está en sintonía con datos científicos y con la verdad práctica. Este libro no es solamente inspirador, sino que también es muy útil y está basado en el cuerpo, en la tierra y en la vida cotidiana.

Sin importar el punto en el que te encuentres dentro de tu camino espiritual, con esta lectura darás el siguiente paso. Así que respira profundo, despeja tu mente, abre tu corazón y deja que la magia te transporte por el rio de palabras interior…

—**RICHARD RUDD**, autor de *Las claves genéticas*

INTRODUCCIÓN

*Vuelve a examinar todo lo que se te ha dicho,
descarta lo que insulte a tu alma, y tu misma
carne se convertirá en un gran poema.*

WALT WHITMAN

Vivimos una época de grandes cambios. Aunque nos guste pensar que el mundo volverá a ser seguro y «normal» pronto, yo creo que no será así. Quizá pienses que soy pesimista y fatalista. Por el contrario, soy optimista y tengo la esperanza de que entremos en un nuevo amanecer en el que reestableceremos nuestra conexión con las leyes naturales y universales para descubrir nuestro verdadero destino.

Existe un término para referirnos a esta gran transición que estamos atravesando colectivamente: la noche oscura del alma. Esta noche oscura surgió de la inestable situación mundial causada por el colapso de las estructuras ambientales, económicas, sociales y de salud que creíamos eran una base sólida. Y ahora no solo las personas que están en la mediana edad, sino también los niños, los adolescentes y los veinteañeros están atravesando la noche oscura. Estos jóvenes no ven ninguna esperanza en el futuro por la ominosa nube del colapso global que se cierne sobre ellos.

Durante una noche oscura, y lo que puede parecer una calamidad en lo inmediato, las anclas de nuestras vidas se sueltan y nos encontramos a la deriva en un mundo sin significado ni seguridad. Para salir de esto necesitamos encontrar un nuevo sistema de valores que sustente la vida y se base en el amor y la salud de todos los seres. Estos valores nuevos trascienden el estado egoico que dominó al mundo hasta ahora. La conciencia universal nos creó a cada uno de nosotros para ser exitosos, no para fracasar, pero eso no significa que vaya a ser fácil. Sin embargo, cuanto más aceptemos a la noche oscura como un gran regalo en todas sus manifestaciones, más rápida y fácilmente nos llevará a cumplir nuestro destino individual y colectivo.

La alquimia, en un sentido más profundo, es el proceso metafísico por el cual transmutamos nuestra naturaleza básica en el oro de la autorrealización, y el llamado que estamos recibiendo ahora es a volvernos alquimistas. Este momento llega cuando estamos cansados de sufrir y estamos listos para viajar a nuestro centro para comprometernos a cambiar de adentro hacia afuera. Dentro de la noche oscura espera paciente la perla dorada que, al ser descubierta, nos catapulta hacia la libertad y la luz.

Y ¿cuál es el mejor momento para embarcarnos en este viaje? Cualquier momento es bueno. Pero a veces el universo nos da un empujoncito. El momento es ahora. Nuestro mundo está en una gran PAUSA. Esta situación anima a todas las personas alrededor del mundo a que revisen sus prioridades y valores, y a que buceen en lo profundo de su interior para descubrir un nuevo significado que sustente sus vidas con belleza y en línea con el bienestar físico, emocional y espiritual.

¡Este viaje no es para cobardes! Quizá comienzas el viaje por decisión propia o por obligación debido a las circunstancias de la vida, pero, de todas maneras, te enfrentarás a tu sombra, a tus partes oscuras e incluso desconocidas que has desatendido y negado. Pero la perla dorada que contiene tu verdadero poder se encuentra en esta oscuridad. Y si voy a contar la historia completa, debo decir que este viaje también es un viaje de alegría. Se dan revelaciones gloriosas y tomas de conciencia en las que todas las piezas del rompecabezas que has recolectado durante toda tu vida encajan entre sí y se despiertan espontáneamente tanto en ti como en otras personas los niveles más profundos de la verdad, más compasión y más amor. A medida que avanzas te das cuenta de que es mejor ser amable contigo mismo, y así el camino por delante se abre más fácilmente y descubres que hay fuerzas del bien más allá de tu control o entendimiento humano que te apoyan.

Cada uno de nosotros ha recibido el mejor regalo posible para ayudarnos a encontrar la perla. El libre albedrío. Al activar y alinear tu voluntad con los principios universales, podrás controlar tu destino y crear tu realidad. De lo que no hay duda es que cada uno de nosotros tiene cierto punto de partida en cuanto a lo físico, lo emocional, lo mental y lo espiritual que ha heredado. Sin embargo, tú y yo somos totalmente PERFECTOS para cumplir el propósito de nuestra vida y para llevar a cabo los planes de nuestra alma, no de nuestro ego. Los efectos de nuestras elecciones diarias trascienden esta vida. Por lo tanto, la procrastinación y el posponer las cosas para mañana no es una opción positiva ya que la demora lo único que hace es incrementar nuestro sufrimiento a largo plazo.

El último punto puede parecer duro y difícil de aceptar hasta que te das cuenta de que recibes ayuda en cada paso del camino. Nunca estás solo. Tu yo superior, tu alma, y su alineación con la conciencia universal cierra las puertas que no te llevarían hacia tu mayor bien y te da firmes empujones cuando te desvías de tu camino. Estos empujones suelen manifestarse en forma de crisis en cuanto a la salud, al ambiente, a las relaciones, a las finanzas o a lo laboral que quieren decirte «¡Detente!» Y con la misma frecuencia también se abren puertas que te llevan a mejores oportunidades y descubrimientos en estas mismas áreas que quieren decirte «¡Ve por este camino!»

¿Y de qué manera tu alma y la conciencia universal afectan a estos cambios monumentales en tu vida? Para responder a esta pregunta, me gustaría presentarte a la preciada asistente, tu conciencia interior. Eckhart Tolle denomina a esta conciencia el cuerpo interior; Rudolf Steiner la llama el elemental del cuerpo. Yo suelo imaginarla como el espíritu del cuerpo o cuerpo etérico porque la inteligencia universal que se encuentra dentro del éter o del espacio dirige el plan para construir el cuerpo físico, el emocional y el mental. Puedes imaginarla como tu conciencia o tu voz interior.

El término que optes por utilizar no importa siempre y cuando aprendas a comunicarte con esta inteligencia corporal porque es experta en buscar y localizar las mejores áreas internas para descubrir tu potencial. Mi buscador experto se llama Henry y me ha ayudado a escribir esta guía para buscadores comprometidos que están yendo tras su perla dorada.

Buen día, Henry explora la importancia de desarrollar una relación armoniosa con tu inteligencia corporal y explica cómo lograrlo. Conectar con esta conciencia corporal te reconecta con las leyes naturales, que son análogas a las leyes espirituales. Es la forma más rápida y directa que conozco para transformarte y pasar el foco de atención del ego a la conciencia, que es nuestra siguiente etapa de evolución. Como dice Eckhart Tolle: «La verdad es que nadie jamás se ha iluminado negando o despreciando el cuerpo… al final siempre tendrás que volver al cuerpo, donde se da el verdadero trabajo de transformación. La transformación es a través del cuerpo, no por fuera de él».

Aprender sobre la importancia de la conciencia corporal ha sido un proceso en evolución para mí ya que cada vez descubro capas más y más profundas de su significado vital. A partir de este proceso entendí porqué tenemos enfermedades, dolencias y debilidades en el cuerpo y en la mente y cómo podemos trabajar con la inteligencia corporal para sanarlas. Y esta conciencia desea trabajar contigo para ganar abundante salud.

Tu inteligencia corporal, que es experta en encontrar perlas, puede guiarte hacia el pozo oscuro en el que están guardados tus pensamientos inconscientes y traerlos hacia la conciencia para sanarlos. Al hacer esto, puedes descubrir los guiones de tu vida y los pensamientos negativos que te sabotean. Puedes descubrir los miedos que te limitan y su causa subyacente. Puedes entender el condicionamiento familiar y cultural que socava las posibilidades de cumplir tu destino. Por lo tanto, trabajar conscientemente con tu inteligencia corporal te permitirá transmutar las heridas ancestrales y los traumas a través de tu linaje biológico, tanto hacia adelante como hacia atrás en el tiempo hasta encontrar tu perla dorada interior.

Puede que te preguntes «¿Y cómo se produce esta transformación alquímica?» Cuando eliminas las ilusiones bajo las que operas, comienzas a desarrollar amor, sabiduría y voluntad junto con otras cualidades positivas que elevan tu frecuencia y te otorgan mayor conciencia y una energía transformadora. Estas cualidades se desarrollan de manera natural a medida que interiorizas los maravillosos regalos descubiertos durante la noche oscura del alma, y gracias a que la conciencia corporal ilumina tus lugares oscuros mientras te acompaña en este proceso. Esta alquimia fomenta la sincronización entre el cerebro y el corazón que te transforman a nivel celular para sanar todo el cuerpo.

Además, tu sanación y transformación personal impacta directamente sobre la transformación de esos mismos patrones dentro del inconsciente colectivo de la humanidad. Esto además de ser muy bueno en general, es esencial para descubrir tu destino como humano. Puedes hablar con este sabio guía y mi deseo es que lo hagas y descubras por tus propios medios que está esperando para ayudarte. Este poderoso proceso te fortalecerá en la manera que lo necesites.

Pareciera que todo esto es mucho pedir, pero no es así. Es el camino más simple para llegar al centro donde reside tu amor, tu alegría y tu poder.

Los místicos siempre han dicho «Las respuestas están en tu interior». Espero que este libro evidencie esta sabiduría y facilite el diálogo con tu inteligencia corporal para que compruebes en carne propia la verdad de esta afirmación. Así, *Buen día, Henry* puede actuar como una guía para la autotransformación.

Buen día, Henry está escrito en un estilo amigable y único, es una conversación entre mi conciencia corporal y yo misma. Él es el sabio y yo la estudiante que a veces es muy ingeniosa y a veces necesita mucha ayuda. Si Henry solo hablara sobre lo que me concierne a mí, no existiría este libro. Pero él elige los temas con los que la mayoría de las personas suelen chocarse en su camino espiritual. Los temas y las conversaciones se te presentan como un ejemplo de cómo, tú también, puedes hablar con tu sabio guía interior.

Conocí a este sabio guía en 1985 durante un retiro espiritual. Mientras meditaba me sorprendió descubrir que mi cuerpo hospedaba otra conciencia, una que se hacía llamar cuerpo elemental y que hablaba sobre su propósito en mi vida. Dijo que la mayoría de los humanos ignoran su existencia y que quería que yo les enseñara a otros su importancia. Diligentemente, escribí sobre esta inteligencia corporal en dos libros y sentí que había cumplido su pedido, pero había personas que seguían consultándome sobre ese tema. Psiquiatras, doctores y demás profesionales me pidieron que diera talleres llamados *Psicoterapia espíritu-corporal y autosanación con el elemental del cuerpo* para abordar este tema.

Animada por la sanación física, psicológica y espiritual que experimentaban los participantes de estos talleres a medida que liberaban capas de trauma y dolor, comencé a escribir un libro sobre estas técnicas. Pero se sentía vacío, así que lo hice a un lado, a esperar a que me llegara una nueva inspiración.

Seis años después, mientras usaba la computadora, mis dedos de repente teclearon «Buen día, Henry» y oí una voz interior, que reconocí era mi inteligencia corporal, decir fuerte y claro: «Mañana comenzamos».

NOTA PARA EL LECTOR

Te doy la bienvenida y las gracias por acompañarme en este viaje de exploración del arte de la transformación alquímica. Agradezco que hayas sentido la llamada de leer *Buen día, Henry* y respeto tu elección de la velocidad o profundidad a la que quieras avanzar. Dicho esto, quisiera darte algunos consejos que espero harán tu viaje más agradable y provechoso:

1. Si eres el tipo de persona muy mental e intelectual que ama los datos concretos, la buena noticia es que los encontrarás. SIN EMBARGO, te recomiendo que no te apresures a terminar este libro para empezar con el siguiente. Encontrar la perla se trata de pausar para reflexionar sobre la mejor ruta a explorar, el mejor camino a seguir. Haz pausas para que la información impregne tus emociones y las células de tu cuerpo físico. Así es como ocurre la transformación.

2. Si eres el tipo de persona emocional, que devora libros de autoayuda y le encanta pasar tiempo hablando sobre sus sentimientos, puede que tiendas a ir a lo profundo y quedarte allí indefinidamente para encontrar más perlas. Por favor, no lo hagas. Cuando encuentres una perla, tráela a la superficie y ponla en práctica en el mundo.

3. Si eres el tipo de persona kinestésica, que necesita pruebas, que necesita "ver para creer", puede que este libro te desafíe de otra manera. ¿Por qué? Porque el Espíritu, el principio eterno e ilimitado que trasciende el tiempo y el espacio, no se puede probar ante la mente humana. Sin embargo, en este libro encontrarás soluciones prácticas dentro de los ejemplos que utilicé con los cuales podrás identificarte y así aplicarlo en tu vida.

"Tanis brinda pasos prácticos que podemos dar para reconectar y colaborar con nuestra conciencia corporal para cambiar el foco de atención del ego al alma. Como hay tanto conocimiento y sabiduría en cada capítulo, recomiendo mucho tomarse tiempo para contemplar, reflexionar y absorber el material antes de proseguir con el siguiente capítulo. Me encontré releyendo distintas secciones y cada vez que lo hice las "entendí" en un nivel más profundo".

— Merle Dulmadge, Presidente de ETRA, Asoc. de equitación terapéutica

Parte 1:

CONOCIENDO AL DUEÑO DEL CIRCO

No dudes del Espíritu;
Tus listas de preferencias
Son irrelevantes.
El Espíritu no vela por tu comodidad,
Sino que te destroza
Hasta que tu cáscara se desmorona
Y renaces en el amor.

—TANIS HELLIWELL, *Embraced by Love*

1

EL HÉROE OLVIDADO: TU INTELIGENCIA CORPORAL

Quien mira hacia afuera sueña; quien mira hacia adentro despierta.
Carl Jung, *Cartas, Vol. 1*

Esa mañana me encontré observando los tres libros a medio terminar que estaban apilados esperando una conclusión. Ninguno de los tres trataba sobre la inteligencia corporal, que era quien me urgía a escribir sobre su función en nuestras vidas. El intento fallido de escribir algo significativo que había hecho algunos años atrás probablemente era la causa del desánimo que sentía esa mañana. Sin ganas, me puse de pie, caminé hasta la computadora y presioné la tecla de encendido.

Entregada al momento, oí «Antes no estabas lista para escuchar lo que tengo para decir, pero ahora sí». Fue como si la conciencia dentro de mi cuerpo hubiese respondido a mis pensamientos. No estamos separados, sino que somos Uno, y por eso yo ya sabía intuitivamente lo que él dijo. Desde pequeña tuve la capacidad de deslizarme entre los reinos físico, emocional, mental y espiritual en un instante. Al mismo tiempo, podía separar lo que él dijo de lo que yo escuché en un diálogo que, he descubierto, beneficia a otros tanto como a mí misma.

—Por supuesto que escucho tus pensamientos, de hecho lo hago mucho mejor que tú. No te sorprendas tanto. ¿Acaso no me he comunicado contigo durante todos estos años?

—Escribí sobre lo que me enseñaste en dos libros, y ya no se si hay mucho más para decir –contesté.

—¡Corrección! En esos libros escribiste **brevemente** sobre mí.

—¿Por qué importa tanto esto ahora? –pregunté, todavía no muy convencida de que este sería el mejor uso de mi tiempo.

—Porque este es el momento justo. Siempre llega un momento en la vida de todos los humanos, ya sea en esta vida o en otra, en el que el inconsciente debe hacerse consciente. De hecho, los humanos no pueden evolucionar hasta que no ocurra esto. En tu caso, como en el de la mayoría de las personas, este proceso se fue dando poco a poco durante toda tu vida, con algunos avances más rápidos cada década más o menos. Esta es la manera más común en la que los buscadores espirituales y psicológicos descubren su inconsciente, pero –y este es un GRAN pero– en algún momento se debe producir la integración. Lo que digo será muy beneficioso para muchas personas que están atravesando la noche oscura del alma y que necesitan esta información.

—No entiendo cómo mi situación personal será útil para otros –argumenté, todavía con la esperanza de mantener privada esta conversación con mi inteligencia corporal.

—Déjame explicarlo –replicó, intentando calmarme–. El mundo está atravesando un cambio de paradigma que afectará a todas las personas. Es el final de la era del ego y el inicio de la era del humano consciente, y las personas necesitan ayuda durante la transición de una realidad a la otra. Será muy difícil cuando su realidad quede destruida, ya que su ego luchará por apegarse a su identidad y visión del mundo anterior. Muchos, por no decir la mayoría, pasarán por una época oscura en su interior. Cuando las estructuras y creencias sobre la salud, el gobierno, las finanzas y las relaciones se desmoronen, sufrirán una crisis de significado. Se sentirán deprimidos, enojados, resentidos, desesperanzados y tendrán una sensación de "no saber" y de vacío cuando se den cuenta de que sus vidas no están bajo su control. De hecho, nada lo está.

—Aunque entiendo que este tema es importante –contesté–, no veo porqué debería escribir un libro sobre esto. Para ser honesta, no es muy divertido para mí escribir sobre este tema, y preferiría tomarme un descanso de estas cuestiones tan profundas y pesadas.

—El que está hablando ahora es tu ego, no tu alma, y eso va a cambiar pronto –contestó rápidamente mi conciencia corporal–. Puede que te guste pensar que eres única pero el ego es básicamente igual en todas las personas y utiliza los mismos juegos para controlarte. En este libro, yo… o, mejor dicho, nosotros vamos a señalar las distintas tácticas de evasión y explicaremos como eliminarlas ya que este es el camino a la libertad y a la siguiente etapa de la evolución. Los temas de este libro actúan como un puente para que tú y también otros puedan pasar de un estado egoico a un estado de autorrealización. Este viaje, ya sea corto o largo, difícil o relativamente sencillo, en definitiva conduce a la libertad y a entregarse para vivir y amar más intensamente.

Sentí una palpitación al pensar en la responsabilidad que conlleva ayudar a otros con información que yo misma no pongo en práctica.

—Siempre pensé que todos deben pasar por una noche oscura del alma solos –respondí, todavía reacia a dar mi consentimiento.

—No hay razón para sentir nervios –dijo mi inteligencia corporal–. Es verdad que cada persona atraviesa el cambio de estar centrada en el ego a estar centrada en el alma por sí sola. Pero aun así, un libro o una conversación con alguien que ya haya pasado por esto pueden servir para facilitar el proceso.

»Permíteme hacer esta analogía. Hasta ahora, los humanos han sido como orugas que consumen su ambiente. No hay ningún problema con esto ya que la etapa de la oruga, que es la etapa del ego, es una etapa en desarrollo consciente. Sin embargo, la inteligencia universal actualmente está dejando en claro que esta etapa ha terminado. Ahora es momento de entrar en la etapa del capullo. En ella, lo que debes hacer es detenerte y contemplar tu vida para dejar ir lo que ya no cumple ninguna función ni para ti ni para tu mundo sabiendo que, al hacerlo, encontrarás tu verdadero destino.

»Superficialmente, este proceso puede verse como la muerte o el fin, pero no es más que una etapa que conduce al nacimiento de una nueva era en la evolución a nivel personal y colectivo para que todos los humanos se conviertan en creadores junto con la inteligencia universal. En el capullo, la oruga se autodigiere para convertirse en mariposa. En muchas culturas, la mariposa representa el alma y el humano despierto que está unido a la conciencia universal. La etapa del capullo es difícil para las personas porque no son ni una cosa ni la otra. El elemental del cuerpo o inteligencia corporal, como quieras llamarlo, desea ayudarlos durante este proceso, y juntos podemos mostrarles cómo hacerlo.

—¿Se supone que esto debería reconfortarme? –contesté, preocupada.– Si eres tan inteligente, debes saber que morir es el mayor miedo de todas las personas. Estoy segura de que todos preferirían saltearse el capullo e ir directamente a la etapa de la mariposa.

Podía oir a mi inteligencia corporal reírse.

—Por supuesto que lo preferirían, pero así no funciona la transformación. E insisto, los elementales del cuerpo de las demás personas pueden ayudar a acelerar y a facilitar el proceso de la noche oscura de la misma manera que yo te estoy ayudando a ti. Puedes estar segura. Vamos a hacer esto juntos y la conciencia universal apoya la elección de este momento. Empecemos de nuevo, ¿te parece?

—Muy bien –contesté, mientras intentaba confiar y tener más fe aunque al mismo tiempo sentía que me recorría por el cuerpo toda una mezcolanza de pensamientos y sentimientos. Me sentía en Unión con la conciencia y no tenía miedo, pero simultáneamente mi personalidad estaba inquieta. Alterando sutilmente mis pensamientos, pude explorar en profundidad todos los niveles de conciencia para entender mejor cómo funcionaba en el cuerpo físico, emocional y mental y para liberar cualquier lugar estancado. Sin embargo, quizá el filtro de la personalidad requería una revisión, algo que yo solía hacer. Noté que la inteligencia corporal quería que lo hiciera.

—Lo mejor es que empiece con lo básico y te cuente más sobre mí –Sentí que él/ella/ello estaba esperando mi consentimiento.

»De hecho, él/ella/ello es la manera correcta de referirse a mí, pero puedes llamarme Henry.

—Espera. No vayas tan rápido. Quiero entender más sobre esto de él/ella/ello y también cómo se te ocurrió llamarte «Henry».

—Bueno, voy a recapitular. Considérame un elemental del cuerpo o, más específicamente, tu elemental del cuerpo. Yo, al igual que el elemental del cuerpo de cualquier otra persona, he estado contigo en esta vida desde tu concepción.

Henry hablaba lentamente, y toda la ansiedad que había sentido se transformó en curiosidad.

—Cuando el esperma del padre y el óvulo de la madre se fusionaron, me «descargué», como si fuera un archivo de computadora, en tu ADN, ARN y en otros componentes más pequeños, aún por descubrirse, que es el patrón con el que trabajarás durante esta encarnación. Este patrón no comprende únicamente lo físico, como el género, el tipo de cuerpo, el color del cabello, sino también todos los rasgos emocionales, mentales y espirituales que te caracterizan.

—Entonces eres un «elemental del cuerpo» ¿Me explicarías qué significa ese término? –pregunté.

—Empecemos con la palabra «elemental». La mayoría de los humanos conciben 4 elementos: tierra, aire, fuego y agua. Yo soy un ser del quinto elemento, el éter, y trabajo con los otros cuatro elementos para construir tu cuerpo. Profundicemos en esto. Está científicamente probado que la materia, como una silla, una planta e incluso tu cuerpo humano, es en su mayoría éter, espacio. A lo que yo llamo éter, los nuevos biofísicos llaman vacío cuántico. Y lo que consideras materia es en realidad más del 99,9% éter.

»Yo soy la inteligencia consciente que crea la forma a partir del éter, organizándolo en distintas frecuencias vibracionales. Con las frecuencias más bajas creo tu cuerpo físico; con frecuencias un poco más altas creo tu cuerpo emocional; y con frecuencias todavía más altas creo tu cuerpo mental. Como ser etérico, existo en todas esas frecuencias y creo formas físicas, emocionales y mentales en concordancia con las frecuencias de tus pensamientos.

—El biólogo celular Bruce Lipton escribió sobre cómo las células del cuerpo se ven afectadas por los pensamientos y sobre el impacto que está generando la nueva ciencia de la epigenética sobre nuestro entendimiento del vínculo entre la mente y la materia y en cómo se ven afectadas nuestras vidas personales y colectivas. Por esto es que conozco sobre el tema del que me estas contando, pero ¿sugieres que tanto yo como otras personas apliquemos esta información para cambiar nuestras vidas?

—Yo, al igual que todos los elementales del cuerpo, trabajo con la huella kármica de tus características físicas, emocionales, mentales y espirituales para construir el vehículo de tu personalidad. Dentro de este código están tanto tus debilidades como los dones necesarios para superarlas. Tienes libre albedrío para elegir, minuto a minuto, si deseas seguir el camino superior de la apertura del corazón y de los pensamientos vivificantes o el camino inferior del control del ego que lleva al sufrimiento. Es clave que sepas, que realmente sepas, que tu conciencia sobrevive la muerte y que lo que llamamos la noche oscura del alma es en esencia el karma del pasado que se manifiesta mientras que el sufrimiento te va llevando por el camino hasta llegar a la sabiduría y la alegría. Pero puedes alterar esta programación porque tus pensamientos, emociones y acciones me programan a mí también. En las primeras etapas de tu evolución hacías esto inconscientemente, pero, a medida que avanzas, lo haces conscientemente. Quiero que me consideres un compañero en este proceso alquímico transformacional que convierte el plomo de tu naturaleza animal en el oro del humano autorrealizado.

—Debo decir que esto suena interesante, pero ¿a qué te refieres con la huella «kármica» y quién te la otorga?

—Los registros de todas tus vidas pasadas y del potencial que tienes para explotar, que es tu karma, están almacenados en los éteres. Existen grandiosos seres que trabajan con la conciencia universal que, junto con tu yo superior espiritual, supervisan tu evolución. Ellos deciden qué patrones otorgarte en esta vida para guiarte de la mejor manera hacia tu destino. Entonces, la huella kármica contiene las frecuencias de todos los patrones que necesitas para evolucionar en esta vida. Yo incorporo las fuerzas y los talentos, así como las heridas y debilidades de vidas pasadas, para que alcances tu propósito en esta vida.

—¿Podrías explicar un poco más cómo es que colocas mi patrón único en el cuerpo físico? –pregunté.

—Todavía no –replicó. Ya es suficiente por hoy. Toma una pausa y reflexiona sobre lo que hablamos. No tiene sentido comprender intelectualmente lo que digo. Nunca te autorrealizarás leyendo más libros. La transformación espiritual ocurre cuando permites que la información catalice tus emociones para que sientas la verdad de lo que digo. Al hacerlo, tus células liberan los programas antiguos que te limitan y tu frecuencia se eleva. De esa manera te ayudo a evolucionar. Mañana seguiremos hablando sobre esto.

Una vez que Henry se retiró, reflexioné sobre lo que había dicho. Me di cuenta de que tenía razón en la apreciación que hizo de mí. Es verdad que amo aprender cosas nuevas intelectualmente, en especial sobre cómo podemos aplicar los nuevos hallazgos biológicos junto con el conocimiento espiritual para afectar positivamente a las células del cuerpo. Pero ¿me tomé el tiempo suficiente para digerir esas ideas y permitir que se infiltren en mis células? Eso parecería más una práctica del ser, y yo siempre me incliné más hacia el hacer. La práctica de ser siempre me pareció que era como no hacer nada, que era la ausencia de algo en lugar de un regalo en sí mismo. Al contemplar mi preferencia por hacer sobre ser, sentí la importancia de la sugerencia de Henry. Esto, a su vez, me alentó a inhalar profundamente, exhalar y relajarme para simplemente ser.

2

TÚ Y TU INTELIGENCIA CORPORAL
SON COMPAÑEROS DE VIDA

*La cueva misma en la que temes entrar resulta
ser la fuente de lo que estas buscando.*

JOSEPH CAMPBELL, *Reflexiones sobre el Arte de Vivir*

Al día siguiente, como cabía esperar, tenía numerosas preguntas para hacerle a Henry. No me decepcionó y apareció inmediatamente cuando dirigí mi atención hacia él.

—Ayer cortaste nuestra conversación –comencé– justo cuando ibas a hablar sobre cómo construyes mi cuerpo físico, emocional y mental. ¿Puedes explicarme eso ahora?

—Me alegra ver que estás tomándote un tiempo para digerir e integrar lo que digo –contestó–. Es importante hacer esto todos los días porque va a permitir que se produzca todo el proceso transformacional para que pueda trabajar contigo a nivel celular.

—Entendido –repliqué, intentando permanecer paciente–. Entonces, ¿podrías contarme cómo trabajar con mi cuerpo físico ahora?

—Trabajo con la médula y con la glándula pineal para imprimir las frecuencias de quien has sido, quien eres ahora y de quien tienes el potencial de convertirte. Los humanos todavía están aprendiendo sobre el funcionamiento de la glándula pineal.

—Sabemos –mencioné, feliz de compartir mi propio conocimiento–, que hay fotorreceptores dentro de las células de la glándula pineal que en teoría le dicen a la pituitaria lo que tiene que hacer. La ciencia occidental tradicional considera actualmente que la pituitaria es la glándula maestra del cuerpo, pero yo creo que es la pineal. Los místicos de muchas tradiciones

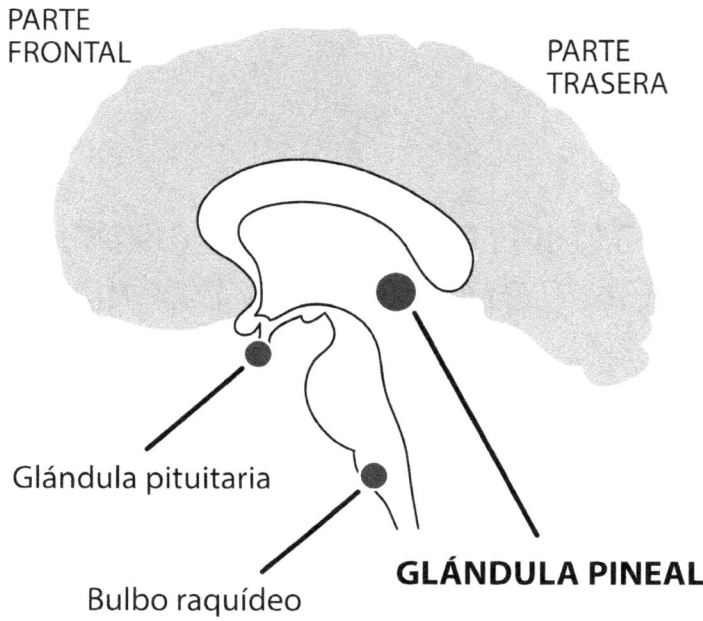

PARTE
FRONTAL

PARTE
TRASERA

Glándula pituitaria

GLÁNDULA PINEAL

Bulbo raquídeo

denominan a la glándula pineal el "tercer ojo" y creen que alberga una conexión directa con la conciencia.

—Todo eso es cierto –contestó Henry con paciencia–. Sin embargo, tú me pediste que explique cómo **yo** trabajo con la glándula pineal, ¿no?

—Sí –contesté, sintiéndome un poco castigada. Era muy fácil alardear y aferrarme a lo que ya conocía en lugar de abrirme a escuchar algo nuevo.

—No es necesario que seas tan dura contigo misma. Hace algunos años, comenzaste a llamar a la pineal «unicélula» y la considerabas la glándula maestra del cuerpo, y estás parcialmente en lo cierto. Yo descargo la huella etérica que se integró a tu ADN y a otros componentes en el momento de la concepción y la coloco en el bulbo para crear el cuerpo físico, emocional y mental del individuo. La fuerza de vida universal, usualmente llamada *prana,* entra al cuerpo principalmente mediante el bulbo raquídeo. Desde allí se conecta con la pineal, que es el centro de la inteligencia universal en tu cuerpo, para transformar espiritualmente a la persona.

»La glándula pineal no es un órgano únicamente físico, sino también es un órgano espiritual que cambia según los pensamientos y sentimientos que tienes. Cuando estos son positivos –que, por cierto, son parte de una escala de emociones, desde la menos a la más positiva– tu vibración se eleva. Es como si una llave abriera una cerradura que conduce a estados de conciencia más altos. Por supuesto, lo mismo ocurre de manera inversa. Si generas pensamientos y emociones negativas, tu vibración disminuye y se cierra el portal hacia estados más altos. Sin embargo, no todo está perdido. Como recuerdas haber estado en ese estado más elevado, en lo profundo de tu ser sabes que es posible alcanzarlo otra vez. El deseo de retornar a esa conciencia más alta está integrado en el código de todos los seres y fomenta su evolución. El deseo de volver al Edén, podrías llamarlo.

—¿Podrías detenerte un minuto? Tengo una pregunta –anuncié con firmeza, tratando de confirmar lo que había entendido–. La Nueva Biología dice que no existe un centro de conciencia en el cuerpo y que las células, los órganos y todos los componentes son una red autoorganizada de sistemas interconectados que se entreveran.

—Es verdad –contestó Henry–. Yo soy la inteligencia consciente que los interconecta.

—Entonces, ¿cómo podemos hablar sobre la función del ADN o de la glándula pineal? –pregunté confundida.

—Si hablamos del órgano físico –replicó–, existe solo un nivel de realidad. Si hablamos de niveles más sutiles, existe una realidad más profunda. Ambas realidades son verdaderas. No existe una verdad dentro del mundo de la forma; la verdad evoluciona junto con tu capacidad de comprensión.

Alentada por la información que me brindó Henry sobre el cuerpo humano, pregunté:

—¿Los animales y los árboles, por ejemplo, también tienen un elemental del cuerpo y, de ser asi, es igual a la inteligencia corporal?

—Los elementales del cuerpo construyen el cuerpo físico, emocional y mental de todos los seres mientras existen en el mundo de la forma. De hecho, el «cuerpo humano», como tú lo llamas, tiene el mismo microARN que se puede encontrar en plantas y animales que datan del tiempo de tus primeras etapas de evolución. Tú posees este microARN en tu interior.

—Me intriga saber cuándo termina tu trabajo conmigo, y ¿qué pasa mientras tanto? Además, ya que hablamos de esto, ¿prefieres que te llame inteligencia corporal o elemental del cuerpo?

—Cuando la evolución de los seres sobrepasa los reinos de las formas más elevadas– contestó Henry–, ya no necesitan un elemental del cuerpo. Y con respecto a la segunda pregunta que hiciste disimuladamente, que me llames elemental del cuerpo, inteligencia corporal o conciencia corporal es irrelevante, lo que importa es que entiendas mi rol.

Noté a través de su respuesta que nada de lo que hiciera pasaría desapercibido para él, pero sentí que tenía una paciencia infinita para con mis pequeños caprichos, por lo que podría consentir un poco más mi curiosidad.

—Muchos grandes maestros, como Jesús, Babaji y Sri Yukteswar –dije–, pueden recrear un cuerpo físico luego de la muerte. Pueden moverse en el espacio-tiempo y aparecer en forma física ante muchas personas. ¿Esto es gracias a que trabajan conscientemente con sus elementales del cuerpo?

—Exactamente –replicó Henry–. Y todos los humanos podrán hacerlo cuando alcancen un determinado nivel de conciencia, pero esto se desarrolla en etapas. Ahora mismo, deben enfocarse en la etapa en la que se encuentran. Yo, como sus elementales del cuerpo, controlo las funciones corporales instintivas, como la respiración, el pulso cardíaco, el sueño, el orgasmo y el hambre. Si quieres evolucionar y, además, si deseas alcanzar una salud perfecta, debes aprender a controlar estos sistemas conscientemente y regular las cantidades de los elementos aire, agua, fuego y tierra en tu cuerpo. Yo puedo ayudarte a hacer esto.

—Me parece imposible hacer esas cosas, y estoy segura de que otras personas sentirían lo mismo –dije, abrumada por lo que me sugería. Una cosa es hablar sobre el tema, pero otra cosa muy distinta sería poner en práctica sus recomendaciones.

—Es posible, porque de lo contrario no lo mencionaría. Yo SOY tú. No estamos separados. Muchos atlantes trabajaban conscientemente con sus elementales del cuerpo y hacían estas cosas. Algunos también podían levitar, provocar una lluvia, encender fuego con la mente, practicar telepatía y clarividencia, desmanifestar y manifestar sus cuerpos a voluntad, y viajar a través del tiempo y del espacio. Estas capacidades se perdieron con el crecimiento de la dominancia del ego que desea controlarte. Actualmente, esto está cambiando, ya que los humanos están comenzando a liberarse del control del ego.

—Intelectualmente, te creo, pero eso no significa que pueda hacerlo. Esto me resulta muy frustrante y deprimente. Tal vez, si lo simplificas, podré liberar la energía que está estancada en mi cuerpo físico. Eso es lo que quieres hacer, ¿no?

—Que tengas ese pensamiento ya es suficiente para que se transforme tu conciencia y comiences a lograr tu objetivo de eliminar el control de tu ego para alinearte con la inteligencia universal –contestó Henry.

—Eso es esperanzador –repliqué, ya aliviada, y le pregunté– ¿Me explicarías de qué manera mis pensamientos aceleran o retrasan mi transformación?

—Muy bien. Analicemos el miedo. Los miedos te impiden conseguir tus objetivos si permites que te controlen. Pero puedes cambiarlos utilizando tu voluntad para cambiar tus pensamientos de negativos a positivos y del miedo al amor. Hacer esto reduce el control del ego que, a su vez, eleva tu vibración hasta que liberes los últimos vestigios de patrones basados en el miedo y te vuelvas consciente, sin ego.

—Entonces, ¿lo que dices es que mi voluntad de dar un paso e intentar hacer lo que recomiendas, incluso si temo fallar, reduce el control del ego?

—Así es –contestó Henry–. Y cuanto más confíes en que lo lograrás, más rápido funciona.

—¿Acaso mis pensamientos o los de otros logran anular el programa original que utilizan las inteligencias corporales para construir nuestros vehículos de la personalidad?

—Nosotros programamos lo que ustedes nos dan, ya sea consciente o inconscientemente. Dicho de otra manera, los pensamientos negativos fortalecen el ego y los positivos lo debilitan, debido a que están más alineados con la inteligencia universal. Cuanto más en armonía estén tus pensamientos con la inteligencia universal, menos control tendrá el ego y más rápido superarás la noche oscura del alma y resurgirás en la luz de la conciencia.

—¿Podrías contarme un poco más sobre cómo nos programan? –Quería asegurarme de no dejar ningún cabo suelto.

—Los humanos tienen libre albedrío y de esa manera aprenden con el tiempo cómo pasar de ser inconscientes a ser conscientes. Cuando una persona no es consciente, su elemental del cuerpo utiliza tanto su programa kármico personal como la memoria colectiva de su especie para construir su cuerpo. Esta memoria colectiva, denominada por Carl Jung «inconsciente colectivo», no incluye únicamente la memoria de los humanos, sino también la de todos los seres de la Tierra. Anclamos todo este programa etérico en el cuerpo físico principalmente mendiante el ADN y el ARN.

Habré quedado con la mirada en blanco porque Henry continuó:

—¿Estoy confundiéndote? Me explicaré mejor. Los humanos son extraños. Les encanta pensar que sus sentimientos y pensamientos son únicos. Eso es incorrecto. Analicemos los miedos otra vez con mayor detenimiento. Todos los miedos, como sentirse poco querido, rechazado, indigno y culpable, son parte de los arquetipos colectivos de todos los humanos, al igual que el temor a fallar, a lo desconocido, al cambio, a la pérdida de control. Y los miedos humanos son el opuesto exacto de sus esperanzas y sueños, como ser amado, exitoso, aceptado, feliz, seguro. Se entiende el punto, ¿verdad?

»Esto significa, y ten algo de paciencia que ya siento que te mueres por hacer una pregunta, que los humanos, al momento de la concepción, heredan simultáneamente una combinación única de cualidades para cumplir su destino y los arquetipos colectivos de toda la humanidad y de todos los seres vivos. A medida que te acercas a tu destino, ayudas a que evolucionen los arquetipos humanos colectivos y contribuyes a la evolución de la Tierra y de todas sus especies con tus talentos. Esta ley rige a los humanos y a todas las especies. Y esta ley también funciona cuando sucede lo contario. Si los seres no cumplen el propósito de su vida, su fracaso atrasa la evolución de su especie.

—Entiendo –dije–. Yo siempre había creído que cada uno de nosotros está hecho para conseguir lo que sea que determina su propósito, no para fallar.

—Eso es correcto. ¿Por qué la inteligencia universal te haría de manera tal que falles?

—Es fácil decirlo, pero cuando recibes un golpe del destino, puede ser difícil creer que el universo está de tu lado –interrumpí.

—Cierto –reconoció Henry–. De todas maneras, el destino de la humanidad es evolucionar para convertirse en creadores conscientes. Eso significa utilizar su libre albedrío para elegir su comportamiento, que conlleva altibajos a lo largo de su camino evolutivo, con más éxitos a medida que se vuelven más conscientes.

—Volvamos a hablar sobre ti –le pedí–. ¿Me explicas un poco más acerca de la evolución de los elementales del cuerpo?

—Nuestra relación es complicada –dijo Henry, jugando con mi intriga–. Así como tú has evolucionado durante miles de vidas, yo también lo he hecho. Hemos estado juntos desde el principio, cuando te separaste por primera vez de la inteligencia universal, conocida también como el Creador. Hasta ese momento, no necesitabas la ayuda de un ser que se dedique a crear y sustentar tu cuerpo, ya que eras un ser espiritual sin forma en completa unión con el amor universal.

»Cuando te separaste de la fuente de la conciencia, al igual que todos los humanos, descendiste al reino de la forma. Esto llevó miles y miles de años. Te convertiste en un individuo y sentiste que necesitabas un vehículo que contenga tu identidad. En ese momento fue que me creaste, al proyectar tus pensamientos sobre el éter que, a su vez, descendieron gradualmente hasta que se formaron los elementos que componen a la materia física. En la Biblia, esto se representa en el momento en que Adán y Eva se dan cuenta de que estaban desnudos, sintieron verguenza y abandonaron el Edén, que era el estado de vivir en completa unidad con la inteligencia universal.

»Al principio, yo era como un envoltorio que te protegía emocional y físicamente de los ambientes tan hostiles que te encontrabas a medida que descendías más y más hacia el reino de la forma y pasaste del estado de conciencia al de inconciencia. A medida que descendías, continuaste programándome con tus pensamientos y sentimientos, pero ya no eras consciente de lo que estabas haciendo. Luego de varias encarnaciones, comencé a reconocer patrones repetitivos de pensamientos positivos o negativos y de su probable resultado, ya sea placer o dolor.

—¿El momento en el que reconociste esos patrones coincidió con el momento en el que yo también los reconocí?

—Exactamente, así fue. A medida que te vuelves más consciente, yo me vuelvo más consciente.

—Entonces, tu evolución está directamente conectada con la mía –concluí.

Apareció otro pensamiento.

— Cuando me autorrealice, como la mariposa que mencionaste ayer, ¿qué ocurre contigo? Dijiste que fui yo quien te creó, entonces ¿te disolverás como el ego?

—Excelente pregunta –Henry hizo una pausa para pensar bien su respuesta–. Cuando ya no necesitas un vehículo físico, emocional o mental, ese vehículo se disuelve y yo me libero y me reúno con el unísono.

—¿Cómo sabes eso? –pregunté.

—Entre tus encarnaciones, retorno al espíritu grupo de los elementales del cuerpo, los que construyen el cuerpo de todos los humanos. Esto ocurre después de que registro en el Libro de la Vida, también conocido como los

Registros Akáshicos, toda la información sobre lo que ocurrió en tu vida anterior. Los Registros Akáshicos contienen la memoria colectiva de todos los humanos y seres que están evolucionando en la Tierra. Entonces, cuando es hora de que reencarnes, construyo el vehículo para tu próxima vida a partir de esos registros. Sin embargo… cuando ya no necesitas reencarnar, yo tampoco.

—Eso es fantástico para ambos. Cuando te reúnes con el espíritu grupo de los elementales del cuerpo entre encarnaciones, ¿continúas evolucionando?

—Los elementales del cuerpo son espíritus del cuerpo. Como somos seres espirituales, no dormimos como los humanos, por lo que, mientras estés encarnada, nosotros trabajamos las 24 horas del día tanto durante tus horas de sueño como durante tus horas de vigilia. Nosotros evolucionamos mientras mantenemos el cuerpo de nuestro anfitrión. Cuando tenemos tiempo libre entre sus encarnaciones, nos unimos con la inteligencia universal. Esto es suficiente por hoy. Continuaremos mañana. Ya tienes bastante información y prefiero que digieras esto antes de agregar más.

Después de que Henry se retiró de mi conciencia, medité sobre lo que él había dicho, sobre la parte que ya conocía y sobre las cuestiones que nunca había tenido en cuenta. Tal vez recordar el estado consciente requiera hacer las preguntas indicadas y contemplar las respuestas para que el conocimiento penetre en mi cuerpo mental, emocional y físico. Justo cuando tuve este pensamiento, me inundó una cálida sensación de estar en lo correcto y percibí que los límites entre mis cuerpos se disolvían. Esta experiencia abrió otra cascada de conocimiento que indicaba que esta era la manera en que yo podría contribuir al proceso de transformación. Y más concretamente, que mi inteligencia corporal sería esencial para llevarme a hacer las preguntas correctas y que ya estaba participando del proceso.

Recordé que Henry dijo que este era el momento adecuado para permitir que se derrumben las barreras entre mi estado consciente e inconsciente. Me sentí muy agradecida de que mi conciencia corporal me asistiera a mí y también a otros a través de mí para convertirnos en quienes estamos destinados a ser. Comencé a sentir la sombra de un dolor de cabeza que me acechaba así que, como casi nunca sufro dolores de cabeza, supe que estaba yendo demasiado lejos y que debía detenerme. Todo se revelaría en el momento perfecto.

3

TOMA UNA ACTITUD NEUTRO-POSITIVA CUANDO LA VIDA SE COMPLICA

Cambia lo que puedas cambiar, acepta lo que no puedas cambiar y ten la sabiduría necesaria para reconocer la diferencia.

— Plegaria de la Serenidad

Al día siguiente tenía más preguntas para hacer. Mientras encendía la computadora, encontré el primer dilema. Tenía numerosos correos electrónicos importantes que requerían mi atención, pero ¿sería más importante hablar con Henry cada día a la misma hora? Si me concentrara en otras prioridades, ¿afectaría la efectividad de su transmisión de conocimiento? Este dilema era muy recurrente, junto con la molesta ansiedad de no saber si debería priorizar mis asuntos o los de los demás.

De alguna manera, me di cuenta de que ajustarme a un programa rígido con Henry no era lo mejor. Era preferible cambiar el "qué" por el "porqué" hacía algo. Con ese método, podría tomar la misma decisión pero por motivos diferentes. Mientras que la primera decisión fue tomada desde el miedo o desde la costumbre, la segunda decisión era objetiva y basada en lo que se sentía mejor a largo plazo. Confié en que Henry estaría de acuerdo con mi observación y sería paciente mientras yo contestaba los correos electrónicos.

Tres productivas horas más tarde, dirigí la atención hacia mi interior para definir con qué pregunta sería mejor empezar. Estaba reflexionando sobre la «mejor» pregunta cuando Henry interrumpió.

—Vamos a hablar sobre tus preguntas en su debido momento, porque primero quiero que hablemos sobre cómo pasar de la inconsciencia a la conciencia. Los elementales del cuerpo no perciben ninguna separación entre el estado inconsciente y el consciente tal como los humanos pueden hacerlo. Mientras mantenemos en funcionamiento los pulmones, el corazón y demás órganos, ya sea durante el sueño o la vigilia, percibimos todos los pensamientos y sentimientos que generan, ya sea consciente o insconscientemente. Más allá de que sean conscientes o inconscientes, positivos o negativos, nos afectan de la misma manera: programamos esos pensamientos y sentimientos sobre el cuerpo físico.

Inmediatamente pensé en las incontables veces en las que el primer pensamiento o sentimiento que tuve sobre una persona o situación fue cualquier cosa menos positivo. Con frecuencia mi primer sentimiento era incomodidad o frustración. Henry debe de haber percibido este pensamiento pero, por cortesía o compasión, no lo mencionó; por lo tanto, le pregunté.

—Suelo tener un pensamiento o un sentimiento negativo durante unos segundos. Esto puede suceder cuando me encuentro con una persona complicada o en una situación difícil, pero también estos sentimientos pueden surgir por sí mismos cuando estoy sola y aparentemente sin estímulos externos. La buena noticia es que apenas noto estos pensamientos negativos, los corrijo y los considero una oportunidad para desarrollar más amor, compasión y perdón para mí misma y para los demás. Cuando se produce este tipo de situaciones, ¿programas el pensamiento y sentimiento negativo inicial o el positivo que surgió después?

—Ambos –replicó–. Sin embargo, como los pensamientos positivos se alinean con la conciencia universal, si la cantidad de energía es igual en ambas emociones, yo reforzaría la positiva.

—Si la fuerza de la energía es igual, dices. Durante muchos años, cultivé un estado de desapego, al que llamo neutro-positivo, para no permitir que me controlen las emociones y así poder observarlas con mayor objetividad. ¿Es bueno hacer esto?

—¿A qué te refieres con «neutro-positivo»? –inquirió Henry.

—Neutro significa que no me apego a los roles que desempeño, como el de maestra espiritual, amiga, compañera, meditadora, escritora, ni a sentir que hay una manera correcta de hacerlo. Mantenerme neutra me ayuda a superar el miedo de no recibir la aprobación de los demás. De esta manera, me desapego de los resultados de mi vida y de mi trabajo. Permanecer neutra no significa ser indiferente. H.P. Blavatsky, referente dentro del esoterismo occidental, dice, en su clásico *La doctrina secreta,* que no deberíamos permanecer en el amor, en el odio, ni en la indiferencia, es decir, no apegarse a ningún estado.

»El «positivo» dentro del neutro-positivo significa que en un nivel más profundo me mantengo siempre optimista y confío en que el universo me dará cosas maravillosas. Por ejemplo, el objetivo a largo plazo del Dalai Lama es que el Tíbet vuelva a estar bajo el control del pueblo tibetano y que así él y otros tibetanos puedan volver del exilio algún día. Pero, ¿se pasa el tiempo lamentándose y esperando que suceda? En absoluto. En lugar de eso, él viaja por el mundo y le enseña a la gente sobre el budismo tibetano con desapego. Él dice que no intenta convertir a las personas al budismo, sino que quiere ayudarlas a ser más amorosas y pacíficas, más allá de su religión.

»A medida que profundizo en el estado neutro del desapego, como el Dalai Lama, puedo oír la voz del universo con mayor claridad y me siento más alineada. La parte positiva del neutro-positivo es la fe, la esperanza y la confianza de que todo estará bien y que recibiré lo que pedí o algo mejor. En este espacio, mi confianza es inquebrantable y natural, y la acompañan la paz y la compasión.

—Interesante –acotó Henry–. Cuando entras en este estado de desapego, te vuelves más observadora y menos participante en el mundo material ilusorio. En este estado de desapego, hay más probabilidades de que seas consciente del momento porque has creado más espacio psíquico.

—Tu respuesta me da pie para hacer otra pregunta. Nunca tuve claro si sería mejor ser neutro-positiva o solamente positiva. ¿Qué recomiendas?

—Esa es difícil –me respondió–. Depende de la situación, ya que hay varios factores en juego. Imaginemos una situación en la que la mejor actitud es la neutro-positiva. Si ya tienes muy arraigada una respuesta negativa hacia las acciones negativas que realiza alguien hacia ti como, por decir un ejemplo, tu suegra, el objetivo final es volverte más amorosa y compasiva hacia ella. Sin embargo, puede que esto no ocurra con facilidad sino que tome mucho tiempo y esfuerzo. Aunque la amorosa compasión es la meta final, si puedes mantenerte neutro-positiva, es decir sin expectativas de que la relación va a mejorar pero con una pizca de esperanza, pues sí, es preferible y, al menos por el momento, más factible.

»Si tu suegra percibe que le caes mal, se activarán reacciones negativas en ella que, a su vez, reforzarán tus sentimientos negativos. Esto crea una espiral descendente en la relación. Si te mantienes neutro-positiva, retiras las proyecciones negativas y creas espacio psíquico para que ella cambie. Sus sentimientos de enojo de que le has quitado a su hijo y la culpa que siente por eso, sumado al miedo de que, si ella no cambia, perderá a su hijo disminuyen con tu neutralidad. El cambio de tu suegra activa una reacción positiva en ti y eso genera una espiral ascendente en la relación que lleva a la sanación.

—Descubrí que las relaciones mejoran, tal como tú dices, por mantenerme en el estado neutro-positivo –comenté–. Me gustaría mencionar otro uso que le doy al neutro-positivo que muchas personas encuentran útil. Cuando no logro lo que me propuse, veo la situación como una oportunidad para corregir la manera en la que lo estoy haciendo, sin apegarme, hasta que encuentro la clave para lograrlo. Incluso si nunca consigo lo que buscaba, siempre alcanzo un objetivo secundario, que es saber que hice lo más que pude de la mejor manera posible dadas las circunstancias en las que me encontraba. Con esta actitud, siempre me siento exitosa.

—Esa es una gran manera de utilizar el neutro-positivo –afirmó Henry.

—Volviendo a mi pregunta. ¿Es preferible ser neutro-positivo o positivo?

—Bien. Voy a explicar cuándo es mejor ser positivo –respondió. Escuché a varias personas decir que ellas son "espejos" para otras personas, y esto es correcto. Eres un espejo para los demás, entonces, ¿qué les reflejas? Esta es la pregunta que todos deben hacerse. ¿Les reflejas sus defectos, fracasos, faltas o les reflejas su grandiosidad? ¿Celebras con ellos el camino que han caminado y los felicitas por lo bien que lo han hecho? ¿Fortaleces su autoestima, su autoconfianza, mientras los animas suavemente a dar el siguiente paso? De esa manera las personas pueden llegar a ser su mejor versión. Esta es una forma en la que es mucho mejor ser solamente positivo con las personas.

Sonreí ante el ejemplo de Henry.

—Cuando era chica –empecé–, mis padres bromeaban diciendo: «Podrías decirle cualquier cosa a Tanis, es tan confiada. Cree cualquier cosa que le digan.» Para mí, era obvio que, si piensas bien de las personas, en eso se convierten; si piensas lo peor de las personas, en eso también se convierten. De hecho, suelo pensar mejor de los demás que de mí misma.

—Bingo –exclamó Henry–. En realidad, tu debilidad es la misma que tiene la mayoría de la gente, y refleja una falta de autoestima. No te sientes digna de recibir amor ni ninguna otra cosa buena.

—Acepto sugerencias –dije, ante la sensación de ser como un insecto que quedó atrapado en una telaraña–. Incluso si tu observación es correcta, ¿cuál sería la solución?

—En primer lugar, es importante no gastar energía en sentir culpa, vergüenza o arrepentimiento porque, al hacerlo, te aferras a un pasado que no puedes cambiar. Tu energía se pierde del momento presente. Tampoco vivas pensando en el futuro. Cada pensamiento que tienes y cada acción que tomas en el presente crea tu futuro. Vive plenamente en el presente y lidia con las circunstancias que te rodean lo mejor que puedas.

—Es difícil vivir completamente en el presente. Mis pensamientos suelen ir al pasado o al futuro. ¿Por qué sucede eso?

—En esencia, el problema es falta de confianza –dijo Henry–. Cuando no recibes lo que deseas ¿confías en que es para bien?

—¿Es posible confiar en el universo, pero no confiar en que has hecho todo lo posible? En ese caso, sentirías que tienes que hacer algo para ganarte el amor y el respeto de las personas o, en un nivel más profundo, para probarle al Infinito que mereces la vida. Hipotéticamente hablando, por supuesto.

—¿Cuál crees que es la solución? Me preguntó con una sonrisa interna sabiendo, obviamente, que me refería a mí misma.

—Practicar la actitud neutro-positiva ayuda mucho. Por ejemplo, digamos que tengo un objetivo que está detrás de una puerta. Golpeo la puerta y, si se abre, entro. Si no se abre, hay muchas otras puertas que golpear. Puedo volver a la primera puerta más tarde, ya que he descubierto que algunas veces el objetivo es correcto, pero no es el momento indicado para conseguirlo. Trato de mantener el mismo desapego hacia el objetivo sin importar cuántas veces golpeé la puerta cerrada. Confío en que la conciencia universal sabe qué es mejor. Al hacer esto, noté que mi confianza y mi fe en que voy a recibir maravillosas oportunidades, algunas de las cuales nunca hubiese soñado, se han fortalecido.

—Tú método demuestra que estás acercándote a la conciencia, que es lo que mencioné anteriormente. ¿Quieres que te diga por qué?

Henry no esperó a que le contestara para empezar.

—Cuando mantienes la actitud neutro-positiva, tu alma, tu yo superior, puede descargar información para ayudarte a resolver un problema. Esta es la razón por la que las personas descubren soluciones mientras caminan, se duchan y se distraen. La respuesta viene fácilmente en forma de inspiración.

—Hablando de inspiraciones –interrumpí a Henry–, apenas me despierto en la mañana cuando todavía sigo medio dormida en un estado mental vago, suelo recibir las respuestas a mis problemas.

—Eso se debe a que todavía estás parcialmente en el reino astral, que es el reino que habitas mientras duermes y entre encarnaciones. Las personas suelen entrar en el reino astral cuando sueñan despiertas, cuando caminan o cuando hacen ejercicio. Además, es posible entrar en este plano astral conscientemente durante la vigilia y sucede cuando te mantienes en el estado neutro-positivo. La vibración astral es una frecuencia más alta que la del mundo físico y, al acceder a ella conscientemente, no pasivamente como se hace durante el sueño, se potencia tu desarrollo espiritual. Es posible entrar en reinos de frecuencia más elevada que la del astral entre encarnaciones, pero eso depende de tu capacidad de mantener una actitud de desapego neutra y una frecuencia compasiva, por lo tanto, es esencial establecer una frecuencia neutro-positiva constante.

—¡Excelentes noticias! –exclamé–. Esto significa que, al mantenerse un estado de desapego, tanto yo como otras personas elevamos nuestra vibración y, de esa manera, facilitamos nuestra transformación espiritual.

—Exactamente. Todas las emociones tienen frecuencias. Las emociones negativas como el enojo, el miedo, la vergüenza, la envidia, la lujuria y la codicia atrasan a la conciencia mientras que las emociones positivas como el amor, la compasión, la generosidad, la gratitud y la devoción ayudan al desarrollo de la conciencia. Es importante no dar energía a las emociones negativas. De esta manera, disminuyen. Todos tenemos libre albedrío y debes usarlo para transmutar estás emociones bajas en el oro de las altas. Al permanecer en un estado neutro y desapegado frente a situaciones difíciles en lugar de enojarte o asustarte, las energías bloqueadas dentro de tus células se liberan. Estas energías se pueden usar para ascender a estados más elevados de conciencia.

—Eso es genial y quiero usar mi libre albedrío, pero a veces es difícil discernir cuál sería el mejor uso que podría darle. Vuelvo a mi primera pregunta. En situaciones difíciles, ¿es mejor ser neutro-positivo o totalmente positivo? –pregunté, todavía confundida.

—Qué graciosa eres –dijo Henry, divertido–. Quieres una respuesta definitiva y ESO no ayuda a tu transformación espiritual. Evolucionas cuando aceptas ambas opciones. Es una cuestión de aprender a discernir qué estado emocional es el indicado para cada situación.

—Practico el discernimiento y he descubierto que hay etapas en su desarrollo.

—Cuéntame más.

—Te doy un ejemplo sobre aprender a discernir. Un hombre va caminando por la calle y se cae en un pozo. La segunda vez que el hombre camina por la misma calle, se olvida de que hay un pozo y cae en él otra vez. La tercera vez que el hombre camina por esa calle recuerda el pozo, pero se olvida dónde está y se cae en él. La cuarta vez, cuando el hombre decide caminar por otra calle, finalmente ha aprendido el discernimiento.

—Gran historia, pero ¿de qué manera se asocia al discernimiento en tu vida?

«Santo cielo» pensé, «¡Qué exigente es Henry!»

—Yo soy tú, no lo olvides. Eso significa que tú eres exigente.

No iba a poder evadirlo con anécdotas ingeniosas, así que bien podría intentar responder su pregunta.

—Yo practico el discernimiento al momento de decidir cómo utilizar mi energía. Algunas personas drenan mi energía porque se enfocan principalmente en lo negativo, ya sea sobre ellos mismos, otros o el mundo. Otras personas hablan sobre cosas que no me interesan como autos o deportes, así que prefiero no pasar tiempo hablando con ellos. No me caen mal. Siento neutralidad hacia ellos e incluso me caen bien como personas. Sin embargo, a decir verdad, preferiría pasar tiempo hablando con personas que tengan intereses similares a los míos. Siento que eso es más positivo energéticamente. De esa manera práctico el discernimiento.

—Ese es un buen uso del discernimiento ya que buscas personas y situaciones que aumentan tu energía lo cual, a su vez, aumenta tu conciencia –dijo Henry, antes de finalizar la conversación– Ahora dejemos aquí nuestra charla. Ya es suficiente información por hoy.

Una vez que Henry se retiró, estaba exhausta. Me estaba llevando a áreas que me parecían intrigantes y estimulantes, pero entonces, ¿por qué estaba tan cansada? Al pensar en esto me di cuenta de que él estaba llevando pensamientos y sentimientos inconscientes hacia mi conciencia. Me sentí expuesta. De repente, recordé que cuando nuestros cuerpos físicos mueren, nadie nos juzga, ni el creador, ni San Pedro, ni los ángeles, ni los maestros ascendidos. En cambio, nosotros nos criticamos al atestiguar de manera precisa y neutro-positiva todo lo que hicimos bien y lo que no, de acuerdo con el propósito en nuestra vida pasada. Henry me veía de esta manera. Él no me juzgaba, solamente pinchaba las capas de autoprotección para que yo las remueva. Era necesario que yo confiara en que, al hacerlo, su intención era ayudarme a volverme totalmente consciente.

4

¿LOS MIEDOS TIRONEAN
DE TU CORREA?

*Quien ve a todos los seres en su propio yo, y a su propio yo
en todos los seres, pierde todo miedo.*

— Isa Upanishad

Como todavía estaba digiriendo la información de Henry, decidí contemplar sus palabras en lugar de proponer un nuevo tema. Dos días más tarde, revigorizada gracias a mi café matutino, estaba lista para continuar.

Al escuchar mis pensamientos, Henry abrió la conversación diciendo:

—Quizás estamos abarcando demasiado en cada lección. Hacer más no es el método apropiado si no tienes tiempo para digerir lo que hablamos. Nuestras conversaciones no deben ser un ejercicio mental sino una práctica transformacional.

—Me encanta aprender cosas nuevas mentalmente; sin embargo, me retraso en asimilar la nueva idea mediante una transformación emocional.

— Yo mismo no podría haberlo hecho mejor –contestó–. Habría preferido que estuviera en desacuerdo con mi comentario.

—Eres igual que la mayoría de los humanos. Pasa un tiempo entre que las personas aceptan una idea nueva en teoría y la ponen en práctica en su vida cotidiana. ¿Sabes por qué?

«Aquí vamos otra vez» –pensé para mis adentros. Él sabía perfectamente como estimular la mente curiosa.

—Adelante –dije–. Ya sabes que me interesa.

—El reino mental vibra mucho más rápido que el reino emocional, por eso puedes aceptar una idea en teoría más rápido de lo que puedes cambiar la manera en la que te sientes con respecto a ella, e incluso más rápido de lo que puedes modificar tu comportamiento en el reino físico, que vibra incluso más lento. Por eso estas cansada luego de nuestras conversaciones. Estoy ayudándote a generar coherencia entre tu cuerpo mental, emocional y físico. Esto aumenta tu capacidad para manifestar tus objetivos; por lo tanto, es más esencial que nunca que esos objetivos sean positivos.

—Suena bien, y mentalmente estoy contigo. ¿Qué puedo hacer para alinearme físicamente? Siento como si tuviera un pie en el bote y el otro en el suelo, pero el bote ya está saliendo.

—No te resistas. Cuanto más tiempo permanezcas en el neutro-positivo, más coherencia generarás. ¿Puedo decirte cuál es la raíz del problema?

Sonreí al ver que otra vez encontró la manera de intrigarme.

—Preparada y ansiosa por saberlo –contesté con alegría.

—El miedo es el mayor obstáculo de toda la humanidad. Es la razón, de hecho, por la que los humanos permanecen en situaciones inconscientes y dolorosas. El miedo es la manera en la que el ego, el cuerpo-dolor, te mantiene bajo control. Si los humanos se dieran cuenta de los grandiosos que son, estarían maravillados. El ego teme que lo descubran, entonces te sabotea constantemente. Su juego favorito es engrandecerte y luego desinflarte. Consigue un subidón de energía cuando lo hace porque si escalas más alto, caes más bajo. El ego se alimenta de tu energía emocional, entonces le encanta crear oportunidades para que sientas enojo, lujuria, codicia, gula, pereza, orgullo y otras emociones negativas. La solución es permanecer en un estado neutro-positivo, de desapego, sin importar las provocaciones, y, al hacer esto, privas al ego de energía y así comienza a achicarse.

—He estudiado y escrito sobre las maneras que existen para superar el miedo y fui testigo de cómo disminuía yo misma. Sin embargo, mi cuerpo sigue sintiendo miedo ante una situación nueva e incluso más ante una antigua en la que ya he fracasado. ¿Podrías ayudarme a eliminar esos últimos vestigios? –inquirí.

—Eso es exactamente lo que estamos haciendo. El miedo ya ha sido eliminado en gran medida de tu cuerpo mental al eliminar los pensamientos que le daban pie. Y tú has liberado en su mayoría a tu cuerpo emocional mediante el proceso neutro-positivo y desarrollando la compasión. El problema es que el miedo está arraigado en el cuerpo físico, en la memoria celular.

—¿Es así para todos o solo para mí? –pregunté con curiosidad.

—No eres la única –contestó rápidamente Henry–. La memoria celular del cuerpo físico es la última zona en donde el miedo está estancado en la mayoría de las personas. Por eso es esencial que tú y otras personas trabajen con su inteligencia corporal para liberarlo.

—¿Por qué? –pregunté.

—Los miedos son parte del inconsciente colectivo de la humanidad, y los elementales del cuerpo lo programan dentro del genoma de todos los humanos cuando encarnan.

—¿Qué quieres decir con «el inconsciente colectivo de la humanidad»? –pregunté, para asegurarme de que estaba entendiendo bien.

—Los humanos han estado en la Tierra durante un largo tiempo durante el cual, ya sea por miedo o por deseo, experimentaron innumerables pensamientos desagradables que causaron acciones todavía más desagradables. Por suerte, también han sentido amor, compasión y perdón. Cada pensamiento y sentimiento positivo y negativo deja una marca energética impresa en el éter. Con el tiempo, esas energías, potenciadas por los pensamientos de otras personas, ganan fuerza y se transforman en formas-pensamiento que existen en la memoria etérica de los cuerpos mentales, emocionales y físicos de las personas. Las personas no saben que esas formas-pensamiento estimulan lo que ellos consideran sus propios pensamientos y sentimientos. A esto me refiero cuando hablo del inconsciente colectivo de la humanidad.

—¿Fui yo quien creó esas formas-pensamiento en vidas pasadas que ahora tengo que eliminar? –pregunté preocupada.

—Creaste algunas de ellas, incluso si no eres consciente de esto –replicó Henry–. Si tus acciones pasadas crearon miedo en los demás, incluso si tú eras relativamente valiente, eres responsable. Así es como trabaja el karma, el sistema de justicia universal.

—¿Y ya pagué este karma? Es decir, ¿logré corregir los patrones erróneos en mi vida actual? –pregunté con esperanza.

—Sí, ya borraste muchos de ellos y por eso es que tu mente está libre de miedo casi por completo; sin embargo, cuando logras esto de manera individual, recibes la responsabilidad adicional de ayudar a tu familia, a tus ancestros y al inconsciente colectivo de la humanidad a borrar estas mismas formas-pensamiento.

—Eso no parece justo. ¿Por qué no limpian sus formas-pensamiento ellos mismos?

—Tienes razón en que cada persona debe liberar sus propias formas-pensamiento, pero a veces necesitan entender PORQUÉ es clave que lo hagan y CÓMO hacerlo. La humanidad está atravesando una noche oscura del alma actualmente. El karma colectivo de la humanidad se está volviendo cada vez más obvio para la mayoría de las personas, que se debe a lo que los humanos le han hecho al ambiente y lo que se han hecho unos a otros. Más y más personas desean cambiar, pero no saben cómo o están paralizadas por el miedo. Existen muchas maneras de ayudar a liberar a los demás de sus formas-pensamiento negativas como rezando por ellos o enseñándoles. Incluso escribir un libro, como estamos haciendo, es una manera de ayudar.

—A nivel intelectual entiendo esto –dije–, pero una parte de mí se siente abrumada. La idea de atravesar infinitas vidas liberando formas-pensamiento, y no solo las mías sino también de los demás, es demasiado. Enfrentémoslo, es terriblemente difícil abandonar la realidad familiar y lo conocido para dar un salto hacia el vacío de lo desconocido con las manos vacías.

—La buena noticia es que tú y otras personas están recibiendo abundante energía de parte de la inteligencia universal para facilitar su transformación espiritual. Las personas están despertando como nunca antes en la historia del mundo. Y cuantas más personas lo hagan, más energía recibe el inconsciente colectivo para limpiar estas formas-pensamiento. Ustedes tienen libre albedrío para decidir cooperar o resistir el flujo del destino. Aunque por fuera se ve desesperanzador, por dentro de la crisálida de la humanidad están ocurriendo grandes cambios que los están convirtiendo en seres autorrealizados y alineados con la conciencia universal.

—Gracias por explicar, en el fondo de mi corazón siento que lo que dices es verdadero. Estamos despertando –acordé–. Sin embargo, a veces siento que he estado trabajando desde siempre en limpiar las formas-pensamiento. Todavía no se terminaron y ya no se qué más hacer para lograrlo.

—Al ego le encanta debilitar la autoestima para que las personas sientan que nunca llegan a ser lo suficientemente buenas o que han hecho lo suficiente –contestó Henry–. Hasta que elimines el miedo de tus células, el ego puede usar esos patrones para hacer que los miedos emocionales y mentales vuelvan a crecer, al igual que la maleza vuelve a crecer si no destierras la raíz. Limpiar el cuerpo físico es el siguiente paso en tu transformación.

—No tengo idea de cómo podría hacer eso, si nada de lo que hice hasta ahora ha funcionado– contesté dubitativa.

—Una parte del problema es el guión heredado de tu familia de «trabaja duro, pero no triunfes» Este guión garantiza el fracaso y es la forma que tiene el ego de mantenerte bajo control. La solución es dejar de hacer esfuerzo. Enfrenta cada situación y cada rol en el que te encuentras atada a determinado resultado y suéltalo. La confianza profunda y la entrega total a la conciencia universal eliminan todo el miedo de las células y por ende el control que ejerce el ego.

—Eso me suena a que debería profundizar la práctica del neutro-positivo –respondí.

—Así es, pero con un extra –replicó Henry–. Has aprendido mediante esta práctica a confiar en ti misma, en los demás y, hasta cierto punto, en la conciencia universal. Todo esto es muy positivo. Sin embargo, todavía te reservas una pequeña parte de lo que consideras tu identidad. El ego teme la aniquilación y con buena razón, porque se disolverá durante el proceso. Entregarse a la voluntad del universo es el mayor miedo humano, similar al miedo a la muerte, pero recuerda que el ego es una ilusión y que en realidad nunca te has separado del Todo.

—¿Podrías darme algunas pistas sobre por dónde empezar?

—Recuerda que es el ego, la forma-pensamiento dominante que has creado tú y la humanidad, que está ansioso. El ego no eres tú, no es el «yo» eterno. Hablaremos sobre la ilusión del ego en otro momento, pero ahora, quiero que te concentres en cómo has creado tus miedos. Todos los miedos estan interrelacionados. Si disuelves uno, los otros comienzan a disolverse, aunque cada miedo tiene una frecuencia diferente. Hablemos sobre los principales miedos humanos y sobre cómo disolverlos.

»El primero es el miedo a lo desconocido porque surgió durante las primeras fases de la evolución humana cuando se separaron de la luz y el amor infinito y ya no se sintieron seguros. El ambiente era físicamente amenazador y, si no encontraban alimento o refugio, morían. El miedo a lo desconocido continúa hoy en día y lo refuerza la falta de amor y de conexión con la Tierra de las personas. La Tierra vive en armonía con la inteligencia universal y para estar física, emocional y mentalmente saludables, los humanos también deben hacerlo.

»Las leyes naturales son iguales a las leyes espirituales, y la Tierra es un ser vivo a punto de convertirse en un planeta consciente. La transformación de la Tierra cataliza la transformación de todos sus seres, que son como sus células. Lo que le ocurre a la Tierra le ocurre a los humanos, y lo que le ocurre a los humanos le ocurre a la Tierra.

—Yo me siento profundamente conectada con la Tierra y no entiendo cómo se relaciona esto con superar el miedo a lo desconocido –dije.

—Muy bien. La clave para superar el miedo a lo desconocido es reestablecer tu conexión con la Madre Tierra en la vida cotidiana. Yo la llamo «Madre Tierra», y sería útil que consideres a la Tierra tu verdadera madre que te ha dado la vida. Para conectar con ella físicamente, recomiendo caminar en la naturaleza, hacer jardinería y apoyar los pies descalzos sobre la tierra. Para conectar emocionalmente, sentir gratitud por la vida sobre este hermoso planeta es esencial, ya que así amas y sirves a todos sus hijos, los humanos, los animales, los árboles, las plantas y el reino mineral. Los humanos no lastimarían a la Tierra si sintieran esta profunda conexión con ella desde el corazón. De esta manera, te conviertes en la guardiana de la Tierra que estas destinada a ser.

—¿El miedo a lo desconocido está relacionado con el miedo al cambio que tienen tantas personas? –reflexioné.

—Si, pero el miedo al cambio tiene una frecuencia ligeramente más alta. La costumbre, la inercia y el aprendizaje de memoria crean el miedo al cambio. Hacer lo mismo repetidamente da cierto nivel de comodidad, que no es malo en sí mismo; sin embargo, suele conducir a volverse inconsciente. Aumentas tu conciencia aceptando cosas nuevas. Hacer viajes, conocer personas nuevas (en especial personas distintas a ti), cocinar comidas diferentes, y leer libros sobre temas nuevos son algunos ejemplos. Esto lleva gradualmente a aceptar las experiencias nuevas, que disuelve el miedo al cambio.

—Mencionas cambios positivos; sin embargo, muchos cambios son impuestos, como perder tu trabajo, perder a un ser querido o contraer una enfermedad grave. Estos acontecimientos crean incluso más estrés y miedo –interrumpí.

—Si, es cierto –contestó Henry–. A veces las personas están estancadas y no escuchan las señales del universo sobre lo que tienen que cambiar, entonces atraen desafíos más grandes que los sacan del letargo. Esto puede suceder cuando permanecen en trabajos aburridos por el miedo a cambiar, cuando no comen saludablemente o cuando tienen pensamientos negativos que causan enfermedades. Esas dificultades tienen su lado positivo, ya que las empujan a recuperar la armonía con el universo.

—Entonces, ¿hacer lo que nos da más miedo es una manera de evitar situaciones dolorosas impuestas externamente? –sugerí.

—En muchos casos eso funciona, pero no es un escape definitivo de las situaciones difíciles; por ejemplo, si tu destino es sanar un patrón erróneo inconsciente –dijo–, ahí es donde entro yo. Los espíritus del cuerpo traen esos patrones a la conciencia mediante situaciones dolorosas, como accidentes, enfermedades y divorcios. De hecho, todo lo referido a los aspectos de la noche oscura del alma. De esta manera, las dificultades sirven para eliminar los bloqueos energéticos.

—¿Entonces los elementales del cuerpo enferman a las personas?

—No, para nada. Las personas se enferman a sí mismas cuando sus pensamientos, sentimientos y comportamientos no están alineados con la inteligencia universal. Nosotros podemos trabajar únicamente con lo que las personas nos dan. De todas maneras, no todas las enfermedades surgen por patrones negativos. Por ejemplo, un niño puede haber hecho un acuerdo álmico para desarrollar cáncer con el objetivo de ayudar a sus padres a sentir más amor y compasión.

—Eso es algo muy doloroso de escuchar para los padres. ¿Entonces un niño puede ser más avanzado espiritualmente que sus padres?

—Exactamente. El dolor es una parte de tu realidad actual y muchas almas avanzadas todavía sienten dolor físico, psicológico o espiritual. No juzgues a alguien por las dificultades que enfrenta. La inteligencia universal utiliza el dolor a veces como un disparador de conciencia.

—Eso seguramente atraiga a millones de personas –no pude resistir decir.

—Muy gracioso. Ya bien sabes que todos reciben las situaciones que necesitan para triunfar.

—Las personas a veces piensan que, si se vuelven espirituales, podrán escapar de los problemas –dije, para que Henry entendiera como es ser humano–. Les resulta muy confuso cuando descubren que, aunque a largo plazo esto sea cierto, a corto plazo sus problemas pueden empeorar.

—En Japón, las mejores espadas se hacen colocándolas en el fuego y doblándolas muchas veces, no solo una. Lo mismo aplica para los humanos. Cada dificultad que enfrentas te fortalece. Necesitas esta fuerza interior para ser capaz de retener una mayor cantidad de energía espiritual, que es la forma de superar el dolor.

—Gracias por explicar por qué a veces tenemos problemas sin dar explicaciones obvias. Pero quiero que continuemos hablando sobre el miedo porque todavía no llegamos a mi favorito: el miedo al rechazo –dije, abriéndome a recibir su ayuda.

—Algunas personas, en especial las mujeres –comentó Henry, dándome un pequeño empujoncito mental–, se apegan a pensar que tienen que ser amables, gentiles, cariñosas y útiles para todo y para todos. Esto es totalmente inapropiado cuando, por ejemplo, quieren decirle a alguien que no para de hablar que frene y escuche o cuando quieren expresar su desacuerdo con las opiniones de alguien racista. Su respuesta aprendida suele estar programada por guiones religiosos, culturales y familiares que las deja con el temor al rechazo y al abandono si dicen lo que realmente sienten.

—Este miedo, igual que muchos otros, se origina en los principios de la historia humana cuando el abandono implicaba la exclusión de la comunidad y, por ende, la muerte. Estos miedos suelen ser absurdos en el mundo occidental hoy en día pero, por naturaleza, los miedos te hacen imaginarte la peor situación posible. La mejor técnica que puedes aplicar es ser auténtica, que significa hacer lo que más miedo te da. Esto no significa herir intencionadamente a la persona que te molesta, sino honrarte a ti misma.

—Por ejemplo, en el caso que mencioné, podrías decirle a esa persona: «No me siento cómoda con lo que dices o haces.» Puedes incluso hacerle sugerencias a esa persona. Además, si te sientes abrumada o si percibes que la persona no desea cambiar, bien puedes proteger tu energía y retirarte. Debes examinar tu situación particular para determinar la raíz del problema, la solución y el lado positivo.

—¿El miedo al rechazo vibra en una frecuencia superior a la del miedo al cambio? –inquirí.

—El miedo al rechazo –contestó Henry– se ubica en una frecuencia superior dentro del cuerpo emocional y se asocia a la falta de amor propio. Cuando te amas incondicionalmente, eres auténtica, segura y tienes una autoestima intrínseca.

—Fácil de decir, difícil de hacer –agregué.

—Porque es tu mayor miedo. Pero has progresado en este área. Cuando eras joven, evitabas el rechazo hablando únicamente sobre temas con los que los demás estuvieran cómodos. Al hacerlo, escondías cualquier diferencia que tuvieras para evitar el rechazo. Heredaste el miedo al rechazo de tu familia, en especial de tu madre, que vivió condicionada por la época en la que nació y por sus patrones ancestrales. Pero has confrontado y destruido gran parte de este miedo desde entonces.

—No siempre fue fácil –dije, rememorando esos tiempos–. En mis 30, mis clientes corporativos me despidieron cuando descubrieron que hacía talleres de regresión a vidas pasadas ya que, en su opinión, yo había perdido toda credibilidad.

—Si, pero confrontaste tu miedo al rechazo y al fracaso y seguiste dictando esos talleres, incluso aunque habías perdido gran parte de tus ingresos y te rechazaron personas que estimabas. Para superar cualquier miedo, la solución más rápida es enfrentarlo.

—Defendí mis creencias en ese entonces porque sentí que si empezaba a comprometer mis creencias espirituales, nunca me detendría. Además, mi padre ha sido siempre un hombre franco que nunca comprometía sus creencias, y pensar en él me dio fuerza.

—Cada vez que borras tus miedos –remarcó Henry–, limpias tu cuerpo etérico de patrones negativos que ya no programaré más en ti.

—Cuando era más joven, buscaba que las personas me amen dándoles lo que necesitaban. Sentía que mis mayores dones eran espirituales y mentales, no emocionales ni físicos. Por lo tanto, les hacía sugerencias sobre cómo conseguir sus objetivos y así aumentaba su autoconfianza.

—Te apoyaste sobre tu área fuerte –contrapuso Henry–. Así es como muchas personas comienzan a enfrentar sus miedos. Es un buen punto de partida, pero algunos nunca pasan de ese punto. Tu estrategia actual es más directa y más efectiva.

—¿Te refieres a que ahora expreso mis sentimientos y pensamientos verdaderos cuando creo que le hará bien a la persona, incluso si la verdad es incómoda de escuchar para esa persona y difícil de decir para mí?

—Sí. Esta conducta beneficia tanto a la persona como a ti, y los lleva a ambos a un territorio desconocido dentro de la relación, ya que ambos deben enfrentar miedos. Arriesgarse a ser rechazada es la manera más rápida de superar el miedo al rechazo.

—Hacer esto me trajo una recompensa que nunca habría imaginado –dije–. Siento más compasión y amor hacia los demás cuando no me concentro en que «debo» ser amorosa. Extrañamente, también siento más amor hacia mí misma también.

—Tu energía aumentó notablemente cuando enfrentaste tu mayor miedo. Cuando las personas tienen miedo, su energía se estanca, como un dique que no permite que fluya el rio. Continúa haciendo esto, pero quiero hablar más sobre el miedo al fracaso.

—Cuando alguien, un hombre, por ejemplo, le tiene miedo al fracaso, quiere que lo vean como una persona impresionante de alguna manera, y no le importa tanto caerle bien a la gente. Incluso puede recurrir al enojo para intimidar y controlar a otros para conseguir lo que desea. En una vida pasada, este hombre puede haber controlado a otros infundiéndoles miedo, pero en el mundo moderno eso ya no funciona. Ahora, si se enoja para conseguir lo que quiere, quizás su mujer lo deje o pierda su trabajo. Cuando él comience a controlar su enojo, comenzará a atraer resultados positivos. A medida que evoluciona, su miedo se disuelve.

—Cuando hablas de que un hombre se enoja, me siento alejada de lo que dices, como si no aplicara a mí por ser mujer –comenté–. ¿Lo hiciste a propósito?

—Quería que observaras que una de tus estrategias de respuesta cuando tienes una diferencia de opinión es encontrar el error en las creencias o las acciones de la otra persona y no en las tuyas. Esta suele ser la estrategia favorita de muchas personas que trabajan en la docencia o como asistentes. Prefieren corregir a los demás, ver si es seguro y si funciona antes de aplicar lo que aprendieron en sus propias vidas.

—Uf –repliqué– Culpable de ese cargo, aunque no era totalmente consciente de hacer eso último que mencionaste sobre chequear primero si es seguro. Por lo que dices, reconozco que cuando hago esto mi intención es alejar el foco de atención de mi vida y mis problemas y ponerlo sobre la otra persona. Siempre creí que mi intención era ayudar a esa persona. Ahora veo que el ego también quiere mantener el control. De esta manera protejo mi mundo, pero, al mantenerlo pequeño y encerrado, dejo afuera la magia.

—¡Exactamente! –replicó Henry– ¿Se te ocurre algo más?

—Hablamos sobre el miedo a lo desconocido, al cambio, al rechazo y al fracaso –intervine antes de que cambiara de tema–. ¿Existe también el miedo al éxito?

—El miedo al éxito está conectado con el miedo al rechazo y al fracaso. Si temes el éxito, probablemente rindas por debajo de lo esperado y no logres atravesar las barreras invisibles que te has impuesto. De esta manera nunca fracasas en alcanzar tus ambiciones porque son bajas. Puede que incluso te sientas culpable por tener más que otros y que no quieras llamar la atención de otros hacia este tema por miedo al rechazo. La culpa no te permite vibrar en la frecuencia de la verdadera abundancia.

—¿Y qué ocurriría si tuvieras suficiente dinero para hacer todo lo que quieras? –pregunté– ¿Por qué necesitarías más?

—La verdadera abundancia no se trata simplemente de dinero –respondió Henry–. Es una frecuencia que le permite al universo darte todo lo que desea que tengas, como amor, éxito y dinero para que puedas cumplir mejor tu destino. Limitarte es un tipo de mentalidad de carencia en la que crees que limitando las cosas buenas que recibes, los demás recibirán más. Los demás no reciben más porque te limitas. De hecho, es al contrario. Cuanto más te limitas a ti misma, más limitas a otros.

»El secreto de la verdadera abundancia es que las personas examinen todas las áreas en las que sienten una falta. Esto puede asociarse a tener una mentalidad de carencia con respecto al dinero, al tiempo, al amor, a la diversión, al sexo, a la comida... esos son apenas unos pocos ejemplos. La mentalidad de carencia fortalece las formas-pensamiento de los celos y la codicia, que cierran el corazón y crea separación entre las clases. Cuando se identifica la carencia, la solución es dar desde donde sientes esa misma carencia.

—He descubierto –comenté– que si actúo como si hubiera abundancia, el miedo se reduce incluso si no recibo más de eso que sentía que carecía. La mentalidad cambia, entonces el miedo se disuelve. ¿Hay algún otro miedo que consideres importante?

—Uno solo. El ego teme ser aniquilado si pierde el control. El ego está en lo cierto: desaparecerá cuando entregues tu identidad individual. En ese momento, todos los miedos desaparecen y eres libre.

»Volvimos al punto de partida de esta conversación, en el que dijimos que la solución es hacer lo que más temes. En este caso, significa soltar tu apego a ser una persona individual. La sensación de «yo, mí, mío» es la causa originante de la carencia. El miedo a no tener suficiente de algo es una táctica del ego para crear deseos que terminan en dolor.

»Quiero dejarte con un pensamiento clave. Los miedos crean bloqueos energéticos en tu cuerpo celular y etérico para que yo no pueda mantenerte sana. A medida que eliminas esos miedos, tu vibración se eleva y me libero de esas limitaciones y puedo mantenerte sana física, emocional, mental y espiritualmente. Esto es suficiente por hoy, continuemos mañana. Estamos avanzando hacia territorios nuevos, y quiero que estés bien despierta.

Cuando Henry se retiró, estaba exhausta. Me sentía como si hubiese estado corriendo en una maratón espiritual y Henry fuera mi entrenador. El quería lo mejor para mi y me estaba dando consejos sobre cómo superar miedos y cómo arrebatarle el control al ego pero qué trabajo duro. Reconocí la importancia de celebrar el progreso que había hecho en superar el miedo a lo desconocido, al cambio, al rechazo, al fracaso y al éxito y yo sabía que el miedo a perder el control era el que tenía que trabajar en ese momento.

Me había identificado con el miedo del ego de perder el control y lo hice mío. En un abrir y cerrar de ojos supe que mi yo auténtico, mi alma, la parte de mi ser que es inmortal no tenía este miedo. Obviamente era el miedo de mi ego. El ego quería mantenerme temerosa para controlarme. La manera de superar este miedo era, como ya había aprendido y comprobado numerosas veces en el pasado, hacer lo que más miedo me daba. ¡Qué pensamiento liberador! ¡Qué gran invitación a embarcarme en una aventura creativa, abierta y sin límites! Probar cosas que nunca había probado. Si yo hiciera esto, cualquier camino sería un camino de aprendizaje.

Recordé las palabras de Jesús (en Mateo 6:25-27 de la Biblia): «No estéis afanosos de vuestra vida, de qué comeréis ni del cuerpo, ni de qué vestiréis. La vida más es que la comida, y el cuerpo que el vestido. Considerad los cuervos, que ni siembran, ni siegan, que ni tienen cillero, ni alfolí y Dios los alimenta. ¿Cuánto de más estima sois vosotros que las aves?» Las palabras de Jesús me recordaron que soy amada tal cual soy. No había razon para temerle a nada. No había necesidad de probarles mi valor a otros, al Infinito, y, definitivamente, nada que probarle al yo falso, el ego. Obviamente, era hora de una buena cerveza Guiness.

5

LIBÉRATE DE LOS GUIONES
DE VIDA HEREDADOS

Nos deleitamos en la belleza de la mariposa, pero rara vez
admitimos los cambios que ha pasado para lograr su belleza.
— MAYA ANGELOU

Reflexioné mucho sobre nuestra última conversación, sobre el dolor que causan los miedos y en cómo retrasan nuestra evolución. Parecía un circulo vicioso que los miedos fortalezcan el ego y así el ego fortalezca nuestros miedos. Hacer lo que más tememos y cultivar una actitud neutro-positiva para todas las situaciones ayuda, al igual que saber que el ego es un constructo creador de miedos que es necesario disolver, pero todavía sentía un miedo que acechaba en lo profundo de mi cuerpo físico a nivel celular.

A la mañana siguiente quise que Henry revisara mi autoevaluación y le pregunté qué hacer.

—Siempre estoy aquí –replicó a mi pregunta interior–, y nada es más importante que lo que estamos haciendo ahora. Cuanto más descubras, más te liberas de las restricciones del ego. Entonces podrás descubrir cosas incluso más profundas. He estado esperando este momento durante muchas vidas. Ese miedo tan arraigado en el que estas pensando es una forma-pensamiento que vuelve a crecer como la maleza justo cuando creías que ya habías eliminado todos tus miedos. Las formas-pensamiento son complejas y están compuestas de muchos pensamientos y miedos que conforman tu guión de vida.

—¿Mis formas-pensamiento son siempre las mismas en todas mis encarnaciones? –pregunté con curiosidad.

—Tus formas-pensamiento son las mismas que tienen TODAS las personas. El ego tiene un repertorio limitado de miedos y deseos, por lo que cuando identificas cuáles son y qué los dispara, puedes eliminarlos. Las familias desarrollan patrones de formas-pensamiento favoritas que se convierten en guiones de vida y se pasan de generación en generación a través del ADN. Y esos patrones tienen una antigüedad difícil de imaginar. La mitocondria, que se conoce como el motor de la célula, tiene ADN que data del caldo primigenio de la Tierra que existía hace miles de millones de años. Además, no hablo únicamente del genoma físico. Estos patrones se crearon en el plano causal, donde habita el alma. Yo programo esos patrones en el cuerpo mental, emocional y físico.

—¿Qué es el «plano causal»? –interrumpí para asegurarme de que comprendía sus términos.

—Cada pensamiento tiene una vibración específica que activa un sentimiento que, a su vez, crea una reacción en el mundo físico. Así es como tus pensamientos crean tu realidad. Los pensamientos vibran en la parte inferior del plano causal-mental pero todo el rango de frecuencias mentales es mayor al de las emociones que, a su vez, es mayor al rango de frecuencias físicas. Un plano, o reino, consiste en un determinado rango de frecuencias. ¿Se entiende?

—Perfecto –respondí, antes de preguntar–. Entonces, ¿puedes darme algunos ejemplos de guiones de vida?

—Muchos guiones de vida contienen dos mensajes –replicó Henry–. Un mensaje alienta al éxito y el otro mensaje, ya sea dicho abiertamente o no pero siempre está implícito, lo socava. Un buen ejemplo de un guión de vida con la combinación de un mensaje positivo superficialmente pero negativo en lo implícito es «Trabaja duro pero no triunfes». Este guión hace que las personas trabajen duro pero que nunca consigan sus objetivos. Su fracaso surge de una baja autoestima, de la sensación de que no merecen ser felices o conseguir lo que desean. Sin embargo, de acuerdo con el guión, continúan deseando ser felices y se esfuerzan por lograrlo. Entonces, igual que una rata en un laberinto, dan vueltas y vueltas sin parar de anhelar cosas en vano, sin recibirlas.

—He leído estudios –interrumpí– que muestran que los padres les dicen más cosas negativas que positivas a sus hijos inconscientemente, pero que cuando los hijos se lo reclaman, lo niegan. Los padres dicen que aman a sus hijos y que quieren que sean exitosos y logren sus objetivos pero los sabotean inconscientemente. Por ejemplo, si un niño le muestra a sus padres su boletín de calificaciones con excelentes notas en todas las materias excepto en una, puede que los padres digan: «¿Qué ocurrió aquí?» Subrayando su desaprobación. O elogian al niño por lo que hicieron bien y luego agregan: «PERO... esto no está tan bien... no ganarás suficiente dinero así cuando seas grande... nadie querrá a alguien así... otras personas lo hacen mejor.»

—Todos los hombres y las mujeres se ven afectados por los guiones de vida familiares –agregó Henry–. Hablemos sobre los guiones más comunes y en cómo te afectan. Uno es: «Más vale pájaro en mano que cien volando» Este guión incita a las personas a evitar tomar riesgos con otras personas y en la vida. Puede volverlos demasiado precavidos y refuerza su miedo al cambio y a lo desconocido. Otro guión es: «Un centavo ahorrado es un centavo ganado» que puede reforzar la mezquindad y la acumulación porque sientes que nunca hay suficiente. Otro guión limitante es: «Sonríe y el mundo sonríe contigo, llora y llorarás solo». Este guión lleva a las personas a comentar únicamente las cosas buenas que les pasan con los demás y guardarse las negativas. Este guión refuerza el miedo al rechazo.

—Mmm. Entonces me parece que en realidad tenemos muchos guiones de vida que compiten por nuestra atención.

—Esa es una maravillosa manera de decirlo –dijo Henry–. El ego usa mensajes contradictorios en los guiones de vida para mantenerte hechizada. Si un guión no funciona en una situación, puede utilizar otro para activar el cuerpo-dolor.

—Pero estos guiones no son completamente negativos. Por ejemplo, el guión «Sonríe y el mundo sonríe contigo, llora y llorarás solo» es un aliento a evitar la negatividad y a ser optimista y alegre.

—Claro, tienes razón –dijo Henry–. También tienen aspectos positivos. Lo importante es ser leal a tu naturaleza interior y no jugar un rol por miedo o por una preprogramación hecha por tu cultura, tu religión o tu familia. Todas las personas necesitan hacer este análisis en su vida para desprogramarse de las influencias externas. Hablemos sobre ti. ¿Elegiste algún objetivo personal que es parte de los guiones de vida de tu familia?

—Compré mi primera casa a los 25 años, que habría sido inconcebible para mis padres aunque ese era uno de sus principales objetivos. Me doy cuenta ahora de que cumplí los sueños de mis padres de muy joven. Además, soy trabajadora independiente. Ese es un patrón familiar tanto del lado materno como del paterno. Conseguí los objetivos de vida de mi familia pero, honestamente, no siento que justo esos objetivos me hayan desviado de mi camino.

—Es muy común que los hijos sigan el guión de los objetivos que desea conseguir la familia y piensen que son propios. Los hijos heredan la forma-pensamiento colectiva familiar que desea que alguien consiga ciertos objetivos para toda la familia. Las formas-pensamiento tienen una especie de semivida gracias a la que son capaces de energizar un rango determinado de pensamientos y sentimientos en una persona. A veces, como en tu caso, los guiones de vida incrementan el autoestima, que puede ser algo positivo si te ayuda a avanzar en tu camino, y otras veces lo reducen. ¿Reconoces algún patrón familiar negativo que esté operando en tu vida?

—Si, hay uno principal. Hasta hace poco tiempo, me sentía afortunada de los padres que me tocaron, ya que nunca tuvieron accesos de ira, ni bebieron en exceso ni abusaron físicamente de nosotros ni nos abandonaron. Siempre fui muy agradecida con ellos ya que conozco los terribles abusos que sufren muchos niños. Siempre los consideré «buenos padres», pero últimamente reconocí una ausencia emocional que atraviesa a mi familia. Creo que ninguno de mis padres recibió el apoyo ni la contención emocional que necesitaba en ciertos momentos importantes de su vida, y eso hizo que cierren sus corazones. No los culpo porque se que también fueron víctimas de los guiones familiares heredados. No recibir un amor incondicional genera una falta de amor propio y miedo al abandono. Evidentemente, este es el guión de vida dominante en ambos lados de la familia.

—No estás sola. La herida central de la mayoría de las personas es no sentirse dignos de amor porque les falta algo —comentó Henry—. La herida central es el principal problema de una persona y es la base del poder del ego. Desde esta herida, el ego crea deseos, como el deseo de tener más dinero, éxito, reconocimiento o placeres sensoriales para ahuyentar el miedo.

—¿Y la solución es...? –inquirí.

—Mediante la contemplación interior, las personas deben reconocer el deseo que causa el dolor y soltarlo. Hay que concentrarse en la causa y no en el síntoma. Por ejemplo, el alcoholismo o comer en exceso suele originarse del deseo de tapar o adormecer el dolor de no sentirse amado. Obviamente, las personas pueden unirse a grupos que se especializan en su adicción para recibir ideas útiles y apoyo pero, en definitiva, necesitan dejar al descubierto el verdadero problema. Reconocer que sus dificultades nacen de los guiones familiares ayudará a que su inteligencia corporal libere la energía estancada en sus cuerpos físicos, emocionales y mentales.

»Este proceso no es una experiencia divertida; es una especie de purificación, por lo que el ego lucha por mantener el control pinchando continuamente la herida central de no sentirse amado. Es importante superar la etapa de culparse a uno mismo y a los padres y comenzar a perdonarse a uno mismo y a los padres muy profundamente. Hay que abrir el corazón más y más hacia los demás y no estar a la defensiva, sin importar lo que suceda interna o externamente.

—Cuanto más pienso en mis guiones familiares –reflexioné–, más claramente veo que la ausencia emocional alcanzó su punto máximo durante mi infancia, ya que mis padres solo podían cubrir algunas de sus necesidades personales en ese momento. Sin embargo, una vez que cumplieron el objetivo principal de comprar una casa, tenían más energía emocional para darnos a mi hermano y a mí. Durante la cena, solían pedirnos nuestra opinión y nuestros padres escuchaban y nos trataban con respeto. Esto continuó durante la adultez.

—Si las personas no pueden cubrir todas sus necesidades –dijo Henry–, mantienen sus corazones cerrados. Cuando logran cubrir sus necesidades y alcanzar algunos objetivos, sus corazones se abren y pueden dar más amor a otros. Es importante que los padres ayuden a sus hijos a cumplir sus metas porque eso mejora su autoestima. Si las personas tienen una buena autoestima, serán generosos en ayudar a otros a conseguir sus objetivos y, además, la autoestima y la generosidad son contagiosas.

—Recuerdo uno de los guiones de vida de mis padres que era positivo, y que me ayudó a derribar los negativos. Era «Piensa por ti misma». Mis padres reforzaron mi autoestima alentándome a hacer esto durante nuestras charlas en la cena. Por ejemplo, mis padres no podían concebir que yo vaya a la universidad, ya que era algo que estaba fuera de los límites de lo posible en su cabeza. No se opusieron a que vaya pero no se sentían identificados con eso. Sin embargo, cuando me gradué, se sintieron muy orgullosos.

—Tuviste suerte –respondió– de haber recibido un guión positivo que sirvió de escapatoria ante los guiones negativos y limitantes, y que tus padres lo hayan reforzado con sus acciones durante la cena, que fortaleció su mensaje para ti. Si tus padres no te ofrecen una cláusula de escape, debes buscar en otras fuentes, como los libros de autoayuda, las prácticas de afirmaciones positivas o encontrar un mentor, y evitar situaciones y personas que te limiten.

»Cuando te estancas en un guión familiar, tiendes a ver las cosas de una manera bidimensional, las cosas son buenas o malas. Cuando haces a un lado el guión, se vuelve tridimensional y puedes ver lo bueno, lo malo y todo lo que se encuentra entre medio, ya que descubres la verdad sin el filtro de tus emociones heridas. Puedes observarte a ti misma y a tu familia de una manera objetiva y compasiva. Este es el camino a la sanación, pero me gustaría sugerir algo más.

—Tus comentarios son muy útiles y me encantaría recibir más ideas –repliqué con gratitud.

—Cuando las personas se interesan por primera vez en el desarrollo espiritual, creen que deben restarle importancia a sus necesidades físicas y emocionales y enfocarse en las espirituales. Sin embargo, no podrán avanzar espiritualmente hasta que enfrenten sus propias sombras inconscientes. En algún punto, todos deben observar su propia oscuridad, su enojo, sus miedos, sus heridas y su falta de tolerancia para transformarlo todo con la ayuda de su inteligencia corporal. Nadie puede hacer esto por ti. Cuando examinas tus propios problemas no resueltos asociados al orgullo, la autocompasión, la autodesvalorización, los celos y la codicia, tu corazón se abre totalmente en compasión por ti misma y por los demás. Al trabajar con niveles más profundos de tu inconsciente, descubres la semilla desde la cual nacieron esos pensamientos erróneos y recién en ese momento habrás liberado suficiente energía estancada como para que yo pueda borrar esas formas-pensamiento negativas.

»Como las capas de la cebolla, tienes que levantar una a una hasta llegar a lo profundo de tu inconsciente para liberarte de los apegos hacia otros. Al final, ya no te manipularán otras personas ni desearás manipularlos. En otras palabras, vivirás el no-apego, que difiere del desapego en que este último implica cerrar tu corazón a la otra persona. En cambio, el no-apego es una objetividad profundamente compasiva y comprensiva. Si no aprendes a hacer esto, se repite el mismo patrón con la misma persona o con una persona nueva.

—Ya he estado trabajando en esto, pero parece que queda más por hacer –repliqué.

—Has progresado, pero te recuerdo lo que sigue siendo necesario. Estas instrucciones son para ti y para otras personas también.

—He observado –dije– que las personas suelen ponerse, inconscientemente, en una posición indeseada, como la de estar endeudado o desempleado, para aprender una lección. Puede que también hayan atraído a su vida a un maestro tirano para aprender una lección. Puede ser un tirano alcohólico, quejoso, dependiente o enojón. He conocido a unos cuántos tiranos y supongo que también he sido una maestra tirana para otros también. Aprendí que, si atraigo a alguien que no me cae bien, significa algo sobre mí y que necesito cambiar mi propio patrón. No puedo controlar el hecho de que la otra persona cambie, esa elección pertenece a esa persona.

—Las relaciones –contestó– son maneras fantásticas de acceder a niveles profundos del inconsciente para sacar a la superficie formas-pensamiento negativas y que se vuelvan conscientes. Hay una sola razón por la que se dan las rupturas en las relaciones y es que ambas partes están actuando según los patrones guionados de sus padres quienes, a su vez, actuaron según el mismo guión que recibieron de sus ancestros.

»Eliminar las proyecciones negativas que hacemos sobre los demás y aceptarlas en uno mismo es doloroso y requiere coraje. Pero es el único viaje que vale la pena iniciar, ya que es el camino a la conciencia. Cuando las personas se enamoran, suelen proyectar pensamientos y sentimientos demasiado positivos sobre la pareja y no pueden aceptar a la persona «real» que surge unos meses después. En cambio, saltan de una relación en otra buscando a alguien que las haga felices. Los guiones, que generan pensamientos y emociones tanto positivas como negativas, no pertenecen a una sola persona o a una familia. Nacen del inconsciente colectivo de la humanidad y se transmiten mediante los vínculos genéticos y mediante la adoctrinación cultural que inculcan los maestros, los amigos, las religiones. Por lo tanto, cuando te desprogramas, ayudas a desprogramar a toda la humanidad.

—Mi objetivo es el amor incondicional –dije– pero, en lo concreto, pareciera cambiar constantemente de forma.

—El amor incondicional es el objetivo óptimo –replicó Henry–, y crece naturalmente a medida que uno va haciéndose más consciente. Cuando vives en el amor incondicional, no tienes ningún miedo ni la sensación de separación. Cuando te unes al amor universal, eres consciente de que lo que dices es siempre lo adecuado, incluso si tus palabras no suenan amables. Estás más allá de lo negativo o positivo, ya que esa es la perspectiva condicionada en la que vive la mayoría de la gente. A medida que te conviertes en Amor, te vuelves neutro-positiva y no-apegada a cómo otros te perciben y tu única motivación es ayudar a liberar a las personas del sufrimiento.

—A medida que las personas se transforman y aprenden el no-apego –continuó–, se vuelven más intuitivas porque ya no necesitan un escudo que las proteja de los demás. Requiere mucha energía mantener en funcionamiento pensamientos incorrectos y retener el enojo, suprimir el dolor y no hablar de las cosas que te molestan porque quieres que te vean como una persona buena y amable.

Pensativa, esperé a que él continuara.

—Aunque orar y meditar con este objetivo en mente ayuda, al mismo tiempo tienes que ser consciente, constante y perseverante en hacer limpiezas internas y externas. Hacer esto ayuda a clarificar el propósito de tu alma. Una vez que te alineas, te escuchas y hablas «tu propio idioma», podrás darte cuenta cuando otras personas no están del todo alineadas, cuando algo de lo que dicen o hacen no encaja. Podrás desarrollar el don de la clarividencia, la clariaudiencia y la clarisapiencia para poder ver, oír y sentirte a ti misma y a otros. Y la inteligencia corporal contribuye a cada paso.

Los comentarios de Henry me recordaron lo importante que ha sido observar mis pensamientos, emociones y acciones durante mi vida.

—Descubrí que todos atravesamos etapas en el proceso de aprender a observarnos a nosotros mismos –dije, para explicar lo que pensé.

»En la primera etapa, solemos hablar o actuar de maneras inadecuadas inconscientemente. En la segunda etapa de desarrollo de la conciencia, cuando hablamos con alguien, pensamos «Ay no, ¡no debería decir esto!» En ese momento, nos detenemos. En la tercera etapa, antes de hablar nos preguntamos «¿Qué necesita escuchar esta persona en este momento?». No qué me haría quedar mejor o como más inteligente, sino qué sería lo mejor para la otra persona. Y entonces lo decimos. La cuarta etapa comienza cuando ya no necesitamos pensar qué decir y naturalmente decimos lo que necesita la otra persona sin atarnos a la reacción que pueda tener a nuestras palabras.

—La cuarta etapa es el estado de autorrealización –dijo Henry–. Las personas no suelen avanzar linealmente de etapa en etapa sino que avanzan y retroceden, y esto es más notorio a medida que te acercas a la autorrealización. ¿Has notado que tú también haces esto?

—Lamentablemente, sí –repliqué–. Sin embargo, no me siento culpable ni me castigo cuando no me comporto de la mejor manera, y esto, para mí, es un gran paso. Las enseñanzas budistas hablan sobre tener la motivación correcta para cada una de nuestras acciones, es decir, que todas nuestras acciones y pensamientos estén infundidos de compasión, y que tenemos conciencia para *saber* cuál es la motivación a cada instante y *actuar* según ella. Esto es lo que quiero hacer constantemente. Creo que el universo nos da oportunidades maravillosas para practicar la motivación correcta y que, incluso aunque atravesemos circunstancias difíciles y dolorosas, nunca se nos presenta ninguna situación que no podamos manejar. Dios quiere que triunfemos, no que fracasemos, por lo que nos da oportunidades para desarrollar la conciencia.

—Observarte –dijo– es una técnica efectiva para separarte de la influencia del ego. Cuantas más personas se mantengan en este estado, menos poder tendrá el ego. Al final, no habrá pensamientos ni comentarios del ego, ni parloteo mental, solo habrá quietud interior. Todos los disparadores y temas de vida se habrán desvanecido, no habrá nada para hacer o no hacer.

—«Nada para hacer o no hacer» suena vacío e indeseable para mí. Refuerza mi guión de vida de abandono y vacío que sentí de niña. Leí numerosas historias de personas que se autorrealizaron, se unieron a lo Absoluto, que cuentan lo maravilloso que es. Por lo tanto, por un lado, se que será genial pero, por otro lado, por mi guión de vida, no suena tan bien.

—Esa es la mayor piedra en el camino que tu ego colocó –respondió–. Tus prácticas de autoobservación, no-apego, neutro-positivo, desarrollo del amor incondicional y de tener la correcta motivación para tus acciones son técnicas poderosas para debilitar al ego. Debes persistir y saber que cuanto más te acerques a liberarte totalmente de la ilusión del ego, más difícil será, ya que habrás eliminado o reducido notablemente la mayoría de los guiones de vida negativos. En nuestra próxima reunión, exploraremos las creencias negativas que fortalecen a las formas-pensamiento que, a su vez, crean estos guiones de vida autolimitantes.

—¿Cuáles creencias negativas...? –pregunté.

—Dejemos la conversación por hoy con un espíritu positivo, ¿de acuerdo?

El comentario de Henry me recordó la valiosa lección que debía practicar. Esto era: concentrarme en el presente y confiar que tenía la cantidad de información adecuada para asimilar a todo momento. Con la ayuda de Henry, estaba descubriendo cosas nuevas sobre mi misma. Claro que ya había descubierto pequeñas partecitas, pero ahora se estaba revelando el patrón completo. Vi más claramente mis guiones de vida. Al observarlos en un estado neutro, algo enterrado y enraizado en mi psiquis comenzó a liberarse.

6

CREENCIAS NEGATIVAS... ¡FUERA!

*La evolución espiritual tiene lugar como resultado de eliminar
obstáculos y de no adquirir ninguno nuevo de forma activa.*
— DAVID HAWKINS, *El ojo del yo*

—Buen día –comenzó Henry–. Antes de profundizar en las creencias subyacentes que inhiben el progreso espiritual, quiero aclarar algo. La mejor forma, sin excepción, de expandir la conciencia no es pelear al ego ejerciendo resistencia contra las cualidades bajas, sino aceptar las cualidades superiores positivas.

—Eso es un poco vago. ¿A qué te refieres con «cualidad»? –pregunté.

—Una "cualidad" es una creencia, un punto de vista, y puede ser sobre uno mismo, sobre los demás o sobre la inteligencia universal. Cada creencia crea un sentimiento positivo o negativo que produce una frecuencia vibracional específica. En una escala del 1 al 10, el 1 es estar totalmente envuelto en el mundo ilusorio del ego, que es un estado de dolor y sufrimiento, y el 10 es la autorrealización en unión con la conciencia universal, que es un estado de paz y felicidad. En esta escala, puede que tus creencias sobre ti misma creen una frecuencia 8, tus creencias sobre otros una frecuencia 5 y sobre la conciencia universal una frecuencia 8. Esto significa que tu nivel de conciencia promedio se ve reducido por tus creencias sobre los demás. Por ejemplo, puede que confíes más en ti misma y en el universo que en las personas.

»Además, las creencias conscientes son apenas la punta del iceberg. Las personas pueden tener muchas más creencias inconscientes que crean sus frecuencias. Cuando las personas limpian sus creencias conscientes, todavía les queda el trabajo de limpiar las creencias inconscientes, y el primer paso es alentarlas a subir a la superficie, que es lo que estamos haciendo juntos.

—Las técnicas de entrega, neutro-positivo y no-apego limpian el inconsciente, ¿no es así? –pregunté.

—Si, y también hay otras –respondió Henry–. Como desear unirse con la conciencia universal. Este deseo alimenta tus ganas de eliminar los obstáculos, ya sea un apego a la familia, a las posesiones o a los placeres físicos. De hecho, uno de los momentos en los que es más fácil unirse con el Infinito es cerca de la muerte, cuando sueltas todos los apegos. El problema de esperar hasta el momento cercano a la muerte es que, a menos que ya hayas limpiado todas tus creencias y puntos de vista inconscientes, los llevarás contigo en tu próxima vida.

—¿La inteligencia corporal de todas las personas las alienta a examinar sus creencias inconscientes? –pregunté.

—Las personas comienzan corrigiendo sus patrones conscientes erróneos. Cuando sus vibraciones alcanzan cierto nivel y descubren que siguen siendo infelices, comienzan a examinar las creencias inconscientes. Nosotros, que somos espíritus con forma física, esperamos ansiosamente por este momento para ayudarlos.

—Las creencias comienzan en el útero –interrumpí–, cuando el bebé percibe los pensamientos y los sentimientos de su madre. Recuerdo cuando me sucedió esto, y no soy la única. Al sentir el miedo de mi madre a las posibles dificultades que emergerían de tener un hijo no planeado, le envié pensamientos reconfortantes de que iba a ser una buena hija y de que estaría feliz de haberme tenido. El deseo de hacer lo que haría felices a mis padres para sentirme segura continuó durante mi infancia y mi adultez. Aceptamos las creencias y adoptamos las cualidades que creemos que nuestros padres desean que tengamos.

—Incluso los niños que actúan en contra de las creencias de sus padres –explicó Henry– están programados por ellas. Cuando no pueden cumplir las creencias de los padres, ya sea por una razón física o mental, las resisten y como resultado creen que son «malos». Por ejemplo, si tu padre quiere que seas médica y no es posible para ti lograrlo académicamente, puede que te sientas mal contigo misma, con tus padres o con ambos. Esto puede conducirte a no confiar en ti misma si crees que las creencias y objetivos de tus padres son buenos, o no confiar en tus padres si no los respetas o si sus objetivos son contrarios a los tuyos. Otro caso concreto puede ser que tu madre desee que seas azafata porque ella deseaba hacerlo pero nunca pudo, y que tu padre desee que seas ingeniera porque eso garantiza que tendrás un buen ingreso. Si ninguno de esos objetivos te llama, te encuentras en la posición insostenible de decepcionar a tus padres. Esto produce sentimientos negativos en ellos o en ti.

—Además –continué su idea– a veces los padres dicen una cosa pero hacen otra. Por ejemplo, tal vez les dicen a sus hijos que sean generosos con las personas, pero ellos son egoístas. Esta conducta hipócrita genera una impresión incluso más grande en el niño que la creencia de los padres. Las personas no son hipócritas a propósito, pero igualmente tienen creencias contradictorias. Por ejemplo, dos de mis creencias contradictorias son: «El universo quiere que yo tenga todo lo que deseo» y «No puedo tener lo que deseo». Cuando me hice consciente de esto comencé a disolver la creencia limitante practicando conductas de abundancia que no se basen en la escasez. La técnica funciona, pero lleva mucho tiempo.

—Eso se debe a otra de tus creencias erróneas... que es que tomará mucho tiempo –comentó Henry–. La gente tiene múltiples creencias que conforman su visión de la vida o una manera de pensar que usan como criterio para entender cualquier cosa que toque esa visión de vida. Desmantelar esas creencias una a una no es tan eficiente como cambiar todo el paradigma, la visión de uno mismo y de la vida, que es lo que alberga a ese conjunto de creencias.

—Puede ser difícil cambiar un paradigma –sugerí–. Sobre todo cuando no somos conscientes de que la manera en la que nos vemos a nosotros mismos y a los demás afecta cómo vivimos toda nuestra vida. Incluso los científicos se dieron cuenta de que sus pensamientos y juicios conscientes e inconscientes podrían afectar los resultados de los experimentos ya que solo veían los resultados que esperaban obtener. Por ejemplo, si un científico, o cualquier pesona, tiene el paradigma de que no existe nada que no puedas ver, entonces niega todo lo invisible. El problema es que cuando cambiamos nuestro paradigma, puede que nos estanquemos con el nuevo y detengamos el progreso de la conciencia.

—La verdad evoluciona a medida que evolucionan las creencias, por lo que es necesario que desafíes continuamente tus paradigmas actuales para no encerrarte en ellos –agregó–. Cuando cambias muchas creencias pequeñas, tu frecuencia aumenta y, cuando alcanzas cierto nivel, saltas a un nuevo paradigma que vibra más alto. De esta manera funciona la evolución y se acelera a medida que elevas tu frecuencia. Además, cuanto más alta sea tu vibración, mayor será el efecto positivo que ejercerás sobre el inconsciente colectivo de tu familia y de la humanidad en general, que como resultado hace que ellos también adopten paradigmas más elevados.

—¿Es por esto que nos sorprendemos ante el gran cambio de creencias que hacen nuestros padres cuando los comparamos con lo que recordamos de ellos cuando éramos niños?

—¡Exactamente! Por ejemplo, cuando los padres de alguien tienen prejuicios en contra de la homosexualidad y luego resulta que su hijo es homosexual. Los padres tienen la opción de cambiarse a ellos mismos y a la manera de ver la vida o perder a su hijo. Si las personas cambian suficientes creencias, cambian todo el paradigma.

»¿Sí? —dijo Henry, al ver que levanté la mano etéricamente.

—El paradigma nuevo puede ser tanto de mayor como de menor frecuencia, ¿verdad?

—Lamentablemente, sí —respondió—. Si las personas pasan por numerosas dificultades y crisis en sus vidas, pueden elegir un paradigma más bajo. Siempre tienen libre albedrío.

—¿Estos posibles cambios de paradigma o dificultades se programan en el ADN del feto antes de que se desarrolle el ego? —pregunté.

—La programación comienza durante la concepción, cuando programo el propósito de vida en el óvulo fertilizado. Se colocan en el genoma las cualidades del ego tanto positivas como negativas; simplemente esperan a que se den las circunstancias externas necesarias para expresarse. El yo superior de las personas, junto con sus consejeros kármicos, eligen a sus padres según el ADN kármico y los patrones epigenéticos necesarios para que puedan cumplir su destino. Las circunstancias de su vida, como su entorno y estilo de vida, activan y desactivan los códigos de ADN en el cuerpo. Las personas nacen repetidas veces en los mismos grupos álmicos que comparten guiones de vida similares. El grupo puede estar compuesto por los padres, los familiares lejanos, los amigos y también otros aliados con desafíos similares por enfrentar. A medida que aumenta nuestra conciencia, se va formando una red de luz que incluye a otros grupos álmicos y finalmente a toda la humanidad y a todos los seres de la Tierra, no solo en el reino físico sino en otros reinos también.

—Esas son muy buenas noticias pero me pregunto algo –agregué– ¿Nuestra vida está predestinada por la programación que experimentamos durante la concepción o podemos cambiarla con el libre albedrío?

—Todas las personas tienen libre albedrío y tienen la oportunidad de cambiar sus patrones mientras están encarnados. Además, como los pensamientos y sentimientos residen en las frecuencias causales y astrales en las que el tiempo y el espacio no existen, cuando las personas ganan conciencia, cambian su patrón ancestral hacia atrás y hacia adelante en el tiempo. De esta manera ayudan a borrar los guiones autolimitantes tanto para sus ancestros y descendientes como para su grupo álmico.

—Me alegro de escuchar esto. Hasta ahora –afirmé–, me enfoqué en limpiar mi cuerpo astral y causal. En este punto, me interesa limpiar esas creencias centrales de las células de mi cuerpo físico. Si hago esto, ¿ayudará también a mis ancestros?

—¡Estás de suerte! Esa es la especialidad de todas las inteligencias del cuerpo. Te explicaré cómo funciona. Cada pensamiento que tienes crea una sensación cómoda o incómoda en tu cuerpo. Incluso los pensamientos inconscientes crean una sensación física. ¡Esto es muy importante! Cuando percibes esa sensación, asócialo a lo que estaba sucediendo ya sea que el estímulo haya provenido del entorno exterior o de un pensamiento interno.

—Y ¿qué ocurre si una sensación es placentera –remarqué– pero quieres ignorarla porque es de baja vibración? Por ejemplo, pensar en sexo es placentero, pero no puedes quedarte pensando en ello, especialmente durante reuniones de trabajo.

—¡Entendido! –dijo Henry, y percibí que sonrió– Pero reconocer la sensación es diferente a energizarla. Frustrarte o decepcionarte de ti misma por tener esas sensaciones desagradables lo único que hace es darle al ego más poder, más energía, y te mantiene en la dualidad de bueno y malo, que es el territorio preferido del ego. Es preferible crear un espacio mental entre la sensación y lo que piensas sobre ella. Este espacio es donde reside el testigo, que es el alma. Allí puedes observar la sensación y no energizarla.

—¿Podrías definir mejor qué es «el testigo»?

—El testigo es tu alma, tu yo superior. El testigo es objetivo y puede ver tus patrones, creencias y pensamientos y el origen de donde provienen.

Todas las personas necesitan desarrollar su propio testigo en el camino a la conciencia ya que te permite liberar las creencias y los pensamientos indeseados manteniéndote neutra y no energizándolos.

—Ahora –continuó–, quiero que hablemos sobre otras maneras de eliminar creencias y sentimientos de baja vibración ya que la mayoría tiene una cualidad positiva subyacente.

—Increíble –interrumpí– En mis 30 descubrí esto mientras meditaba sobre los siete pecados capitales y encontré el aspecto positivo de cada uno de ellos. Al hacerlo, pude aceptarlo en mi corazón y así se disolvió el aspecto negativo.

—Excelente técnica. Cuando hiciste esto, se abrió una puerta que me permitió transformar tu conciencia muy rápidamente porque liberaste la energía atrapada en las formas-pensamiento más bajas y así pude elevar su frecuencia.

—¿Qué pecado tiene la frecuencia vibratoria más baja? –pregunté.

—Antes de responder tu pregunta, quiero señalar que el significado anglosajón de la palabra «pecado» es «errarle a la marca». Este término se utilizaba cuando la flecha no golpeaba el blanco. Quise aclarar esto primero para recordarte que TODAS las frecuencias son aspectos de la conciencia. Sin embargo, las frecuencias más altas se asocian a estados iluminados, mientras que las frecuencias más bajas te atan al mundo ilusorio del dolor y del sufrimiento y «le erran a la marca».

»Ahora, para responder tu pregunta –dijo Henry, volviendo a mi duda–, revisemos las creencias que son autodestructivas y negadoras. Dos de las más destructivas son la vergüenza y la culpa, que son formas-pensamiento que suelen ubicarse en la parte inferior del cuerpo. Cierran los chakras inferiores que son los portales etéricos que uso para alimentar a los órganos físicos inferiores. Como se bloquea el acceso al sistema reproductivo y digestivo, suelen aparecer enfermedades.

»Tanto la vergüenza como la culpa crean una autoestima baja pero difieren en la manera en la que surgen. El abuso físico, sexual o emocional puede crear vergüenza, que lleva a la víctima a no sentirse digna de felicidad y, en el peor de los casos, de vivir. La culpa, en cambio, surge de sentir que decepcionas a las personas, ya sean tus padres, tu pareja o Dios, que es la culpa religiosa. La culpa puede provocar fundamentalismo, que es básicamente proyectar tu culpa sobre los demás y juzgarlos.

Mientras absorbía lo que había dicho Henry y escaneaba mentalmente mis órganos inferiores, me preguntó:

—¿Cómo ayudas a una presona que se siente abrumada por la vergüenza o la culpa?

—Intento encontrar algo que hayan logrado y los ayudo a asociarlo a algo nuevo que quieran conseguir para unirlo con el sentimiento de éxito que les produjo el primer logro. La clave es reconocer en qué posición están y alentarlos a hacer algo que crean que pueden hacer.

»Quisiera hacer una pregunta general antes de continuar –agregué–. Cuando hablo con personas cuyas creencias y autopercepción varían de las mías, intento crear una conexión con ellas resaltando las creencias que tenemos en común en lugar de las que no. ¿Es una buena idea hacer esto?

—Crear una conexión entre ustedes es una buena manera de difuminar el ego –replicó–. Es esencial recordar que el alma de cada persona es pura. Ese es el lugar en el que se conoce a las personas. La actitud preferible, en la mayoría de las situaciones, es la del amor incondicional y la aceptación, incluso si quieres sugerirles un cambio de comportamiento.

»Examinemos otra autopercepción destructiva, ¿vale? La pereza, llamada comúnmente vagancia, se caracteriza por sentir desesperanza, desesperación y un adormecimiento general. ¿Qué le recomendarías a una persona que quiere dejar atrás la pereza?

—¡Preferiría dar yo los ejemplos de cualidades negativas y que tú des las soluciones! –bromeé.

Siguió una larga pausa. No se dejó llevar por mi chiste, así que abordé su pregunta.

—Creo que el problema principal que conlleva la vagancia es sentir que no conseguirás lo que deseas, entonces para qué intentar. Esta creencia puede ser incluso sistémica, es decir, que se haya creado a través de generaciones que sufrieron pobreza o discriminación racial. Para salir de la inercia, le recomiendo a la persona que se regale a sí misma algo que desea, aunque sea algo superficial, como ropa o una sesión de masajes. Una vez que sienta que puede tener lo que desea, la aliento a perseguir objetivos más grandes y, con suerte, de mayor vibración.

—¿Cómo ayudarías a una persona cuya vagancia se debe a la desesperanza y a la desesperación? –me empujó a profundizar.

—Los sentimientos de desesperanza pueden ser un estado transitorio que acompaña a la noche oscura de alma. Si es este el caso, ayudaría a la persona a entender que la noche oscura es una etapa dentro del viaje espiritual y a reubicarla en este contexto como un signo de progreso para que la persona gane esperanza y sepa que va a pasar.

—Pero, ¿qué harías si la persona está estancada en el dolor y la tristeza y esa es su autopercepción dominante? –respondió Henry, insistiendo en su punto–. Quizás la persona perdió a un ser querido o sufrió un abandono. ¿Algún comentario?

—Si la desesperanza y la desesperación son parte de su autopercepción, intentaría presionar a la persona. Esto puede parecer insensible, pero creo que a veces el dolor persistente es un apego a la creencia de que se te debe algo, que alguien tiene que hacerte feliz, ya sea la pareja, los padres, los hijos o incluso el gobierno. Esta es una fantasía ilusoria que lo único que hace es perpetuar el dolor, ya que vives en una constante decepción. Esta persona se siente sola y desea amor pero, en definitiva, el único amor que tiene garantizado es el de la inteligencia universal. La meditación y la oración también ayudaría a la persona a mantener una actitud neutro-positiva ante las circunstancias externas y a aceptar lo que *es*, que incrementará su vibración. Dicho esto, el dolor también puede ser un sentimiento natural ante una pérdida, siempre y cuando la persona no se quede demasiado tiempo estancada en él. ¿No es cierto esto?

—El dolor es natural para el ego –refutó–, pero no lo es para el alma que existe, independientemente de las circunstancias externas, en un eterno estado de alegría. Ya hemos hablado sobre los sentimientos negativos asociados al miedo y a la ansiedad y sus soluciones, así que hablemos ahora sobre otros tres: la codicia, la gula y la lujuria. ¿Cuáles dirías que son las creencias erróneas subyacentes?

—Tanto el Bhagavad Gita como el sabio védico Patanjali –empecé– consideran que anhelar placeres sensoriales es un impedimento. En este punto concuerdan con la doctrina cristiana. Con la gula deseas más comida y con la lujuria, más sexo. La codicia también es una clase de gula pero asociada a cualquier cosa, ya que quieres tener más y más y nunca es suficiente. Puedes codiciar fama, dinero, bienes materiales, prestigio, poder, amor, etc. Obviamente, algunas de estas cosas son necesarias para vivir pero sin apegarse a ellas. ¿Estoy encaminada?

—El jurado todavía está debatiendo. Quiero escuchar más antes de comentar –bromeó, codeándome para que continuara.

—Necesitamos dinero para conseguir comida y refugio –seguí– Y si tenemos recursos físicos y financieros, todo el mundo se verá beneficiado. Anhelar estas cosas es el problema real y es fácil para el ego crear esta sensación en uno, ya que la economía en el mundo moderno se basa en la creencia de que «más es mejor». Lo que intuyo es que la causa raíz de este anhelo es la separación de la conciencia universal, con el vacío interior que ello conlleva. Entonces, la solución es confiar en que habrá suficiente para cumplir el propósito de vida que tenemos y entregar todo aquello a lo que nos apegamos.

—¿Cuál es el deseo del que nace ese anhelo?

—El de reunirse con la Fuente desde donde proviene toda la felicidad –respondí con esperanza.

—Así es, y esto nos lleva a la siguiente cualidad negativa: el enojo.

—El enojo –respondí– surge de no obtener lo que deseas, como que los demás estén de acuerdo contigo. El ego quiere mantener el control y puede sentirse atacado, por lo que se defiende enojándose. Esto produce una descarga de adrenalina que energiza al ego, cosa que le encanta. El enojo, sea expresado o no, puede estar vinculado también a sentimientos de envidia, que es otro pecado capital. Puede que sientas que alguien tiene algo que tú no, como bienes materiales, belleza, amigos, o puede que se diviertan más, que tengan más tiempo libre, etc. La creencia errónea se basa en la separación y en no confiar en que el universo te dará exactamente lo que necesitas.

—¿Y qué hay del orgullo?

—El Bhagavad Gita –repliqué, riéndome del orgullo que siento por ser una erudita– señala que el orgullo está ligado al autoengaño y a la insolencia. Creo que la autopercepción errónea es pensar que uno es mejor que otros. Sentir que eres más inteligente, rico, amable, puro o incluso que eres más espiritual y que por eso estás más cerca de la iluminación que otros conduce a compararse y a separarse de los demás. La perla escondida dentro del orgullo, aunque inconsciente, podría ser el deseo de probar que mereces amor, y no solo de otras personas sino del universo.

—¿Qué concluyes de nuestra conversación?

—Tu turno –sugerí. Quería recibir sus comentarios para saber si mis creencias y pensamientos estaban encaminados o no.

—Lo único que conoce el ego es la separación –comenzó Henry–, que es lo que crea todas las creencias negativas y, a partir de ellas, los sentimientos negativos. El ego jamás podría brindar una felicidad suprema. Únicamente el alma, y el trabajo de la conciencia mediante el alma, pueden brindarla. Cuando ya no buscas la felicidad en el mundo ilusorio, la voluntad universal, que siempre está en ti y contigo, se vuelve tu guía.

—¿Y tú de qué manera participas en este proceso?

—Yo tengo dos funciones principales –respondió Henry–. En nombre de la conciencia universal, actúo como tu conciencia y te guío y asisto en tu camino. En este contexto, me consideras tu espíritu corporal. También, al ser la inteligencia corporal que construye y mantiene tu cuerpo físico, emocional y mental, cumplo una función biológica.

—Me intriga saber de qué manera los pensamientos y los sentimientos afectan la salud del cuerpo físico –dije rápidamente, con la esperanza de que Henry respondiera esa pregunta.

—Ese es un tema extenso y es mejor dejarlo para el momento en el que hablemos sobre el cerebro y el corazón –replicó, dando fin a nuestra conversación.

La estrategia de Henry de hacerme responder mis propias preguntas fue una gran enseñanza. Qué gran recordatorio de que las respuestas residen en nuestro interior y de que buscar respuestas y felicidad en el exterior es un error. Lamentablemente, aunque nuestras preguntas y nuestras respuestas se encuentren en nuestro interior, no vienen servidas en bandeja. El ego nos hace pensar que existe algún secreto que, si tan solo lo encontráramos, seríamos felices. Durante nuestras charlas, se me recordaba cada vez más que al despegarnos del drama del ego y de sus creencias negativas, rompemos la ilusión en la que nos sumerge. Para hacer esto, solo debemos escuchar a la profunda verdad que ya conocemos en nuestro yo superior, nuestra conciencia, nuestra pequeña voz interior.

7

¿ESTÁN EQUILIBRADOS TU AMOR, TU SABIDURÍA Y TU VOLUNTAD?

El amor espera en tu corazón. Solo necesitas permanecer en la verdad. Solo necesitas permanecer en la quietud.

— Prajnaparamita

Al día siguiente, estaba ansiosa por escuchar la explicación científica de cómo mi inteligencia corporal, el elemental del cuerpo, trabaja biológicamente para programarme. Pero no fue así, ya que Henry se lanzó inmediatamente a hacer una descripción de las cualidades positivas que promueven la conciencia.

—Los dos temas responden la misma pregunta –dijo Henry cuando sintió mi decepción–. Las cualidades positivas liberan los bloqueos energéticos de tus células y entonces puedo elevarte a frecuencias superiores. Esta es una función biológica. A los humanos les encanta separar los pensamientos, los sentimientos y las funciones biológicas pero todo es UNO. Tu visión del Infinito afecta la frecuencia de tus pensamientos, emociones y cuerpo físico.

—No entiendo cómo la visión que una persona tiene del Infinito afecta su frecuencia –dije, confundida.

—No hay problema, lo explicaré –replicó–. Analicemos la diferencia entre la representación del Infinito en el Antiguo y en el Nuevo Testamento de la Biblia y, para que se entienda mejor, utilizaré los términos cristianos. En el Antiguo Testamento, Dios es castigador y vengativo si no se lo obedece. Asesinó a los pueblos de Sodoma y Gomorra, destruyó el Templo de Babilonia, rompió las tablas de Moisés y al pobre Job, que es un buen hombre pero parece que no lo suficiente, lo hizo sufrir constantemente. Esta visión de Dios crea una visión de la vida en las personas que les genera ansiedad, miedo y enojo. La visión de Dios del Nuevo Testamento, por el contrario, es de un ser amoroso, compasivo, piadoso y pacífico, todas cualidades que crean en las personas visiones de vida, emociones y vibraciones muy diferentes. Todas las religiones muestran una progresión similar. Evolucionan junto con sus devotos.

—Tu explicación concuerda con la astrología –comenté– Cada dos mil años se produce un cambio de signo zodiacal a nivel general que señala el conjunto de cualidades que la humanidad debe desarrollar. El Antiguo Testamento refleja las cualidades que caracterizan a los dos mil años previos al nacimiento de Cristo. El Nuevo Testamento refleja las cualidades de los dos mil años que siguieron al nacimiento de Cristo hasta el presente. Ahora estamos entrando en la Era de Acuario. ¿Qué visión de Dios y qué cualidades necesita desarrollar la humanidad durante esta época que se aproxima?

—Durante los próximos dos mil años de la Era de Acuario –respondió Henry–, se producirá el despertar de la humanidad. Siempre han sido Uno con el Infinito pero lo han olvidado en la ilusión de la separación. Pronto despertarán de ese sueño. No elegí los temas de nuestras conversaciones al azar. Esos temas se asocian a las cualidades que habrá que aprender en la Era de Acuario. Cada persona tiene libre albedrío para facilitar, resistir o intentar ignorar este proceso.

—¿Qué sucederá entonces con las personas que no creen en ningún Dios, como los ateos o los agnósticos? –pregunté, preocupada–. Como no creen en la versión de Dios del Antiguo ni del Nuevo Testamento, ni hablemos de la versión acuariana.

—El ateísmo y el agnosticismo son distintos –empezó Henry–. Mientras que los ateos, en el sentido más estricto de la palabra, niegan rotundamente cualquier posibilidad de que exista una Fuente de suprema inteligencia de la cual proviene todo lo demás y con la cual somos Uno, los agnósticos ni creen ni descreen en una Fuente suprema porque sostienen que los humanos no tienen manera de comprobar o desmentir su existencia. Los ateos y los agnósticos se parecen en que creen que ellos son los que controlan su vida. Su visión de la vida depende de su ego y del mundo material, que es la principal ilusión. Ellos son amables con las personas porque es lo que han aprendido de sus familias o de la sociedad y porque, al hacerlo, satisfacen las necesidades de su ego más fácilmente. Pero su forma de ver al Infinito no los conduce directamente a la conciencia.

—¿Cuál es la posición de la ciencia con respecto al Infinito? –pregunté.

—Una cosa es la ciencia y otra cosa es ser científico –replicó Henry–. Alguien puede ser ateo, agnóstico o autorrealizado y también científico.

—Ok, entiendo que nuestra visión del Infinito facilita o impide el camino a la conciencia. Esta información está muy bien en teoría, pero me interesa saber qué es lo que podemos hacer para, como tú dices, «facilitar el proceso». Puedo creer que estamos entrando en la Era de Acuario en la que todos nos autorrealizaremos pero si me relajo y no hago nada al respecto, ¿me autorrealizaría también?

—Buen punto –reconoció Henry–. Voy a ser más específico. Existen tantos caminos hacia la autorrealización como personas en el mundo pero hay tres que son los principales: el camino del amor, el de la sabiduría y el de la voluntad. Este último se asocia al servicio activo al mundo. Estos caminos no están totalmente delineados, ya que es posible elegir una mezcla de dos o más. Aunque el camino del corazón es el camino de la liberación del corazón, los otros dos caminos (el de la sabiduría y el de utilizar tu voluntad para servir a las otras personas) también abren tu corazón.

—Entiendo esto que explicas –interrumpí– porque observé que las personas encarnan con uno de esos caminos más desarrollados que los otros dos. Aunque hay excepciones, suele ser muy notorio el camino más fuerte de cada uno. Por ejemplo, cuando el camino más fuerte de una persona es el amor, es probable que haya sido muy mimoso durante la infancia, siempre dando abrazos y mostrando afecto. La peor disciplina para un niño así era recibir desaprobación y que lo enviasen a su habitación, aislado de los demás.

—¿Qué hay de los niños nacidos en el camino de la sabiduría? –preguntó Henry.

—El niño nacido con sabiduría tiene una personalidad más *cool*, disfruta de observar a los demás y aprende a comportarse de acuerdo con eso. Este niño suele ser más sabio que lo que indicaría su edad y puede que sus padres lo llamen «sabelotodo» y que se asombren de su sabiduría. Este niño disfruta pasar tiempo solo, leer o conectar con la naturaleza.

—¿Y los niños nacidos con una fuerte voluntad?

—Los niños en el camino de la voluntad suelen ser líderes naturales y los otros niños los siguen. Cuando juegan, son los que deciden el rol de cada compañero y quiénes pueden jugar y quiénes no. Esta autoconfianza los llevará por buen camino en la vida. Gracias a la fuerza de su voluntad, no los desmotivarán los obstáculos y es probable que consigan sus objetivos más a menudo que los niños de los otros caminos. Como padre, la mejor manera de tratar con este niño es con firmeza. Este niño manipulará o ignorará a un padre o a cualquier otra figura de autoridad débil, pero respetará a los que se ganen su respeto.

—Tus observaciones con respecto a los niños son correctas, pero ¿has notado cambios a medida que crecen? –preguntó.

—De hecho, sí. Sin importar cuál sea el camino más fuerte con el que nazcan, durante la primera parte de la vida se dedican a desarrollar el segundo camino. Entonces, un niño que nació en el camino del amor puede desarrollar sabiduría o voluntad, y uno nacido con voluntad puede elegir sabiduría o amor. Esta decisión puede ser consciente o inconsciente, pero se la toma con todo lo aprendido acerca de cómo estar seguro y triunfar en el mundo.

»También observé que en algún punto de la mediana edad –continué– cuando ya hemos desarrollado la segunda cualidad y tenemos un ego fuerte que nos permite triunfar en el mundo, se produce una crisis de significado. Se suele llamar la crisis de la mediana edad o noche oscura del alma. La personalidad creció todo lo que podía y necesita más lugar, necesita romper el cascarón al igual que un pollito para tener mayor acceso a la conciencia álmica. Esta crisis suele forzarnos a aprender la tercera cualidad. Nos damos cuenta de que debemos desarrollar la tercera cualidad, la que menos nos gusta, porque las otras dos ya no funcionan y nos nos ayudan a conseguir lo que deseamos. En este momento de la vida en el que nos vemos obligados a usar nuestra cualidad más débil, la personalidad se siente muy insegura. Se siente infeliz porque ya no sabe cómo conseguir lo que quiere. Solamente el alma tiene la clave de la felicidad y esa clave está fuera del control del ego. Solemos llamar a esta crisis la noche oscura del alma pero, en realidad, es la noche oscura del ego.

—Ustedes –comentó Henry– deben desarrollar las tres cualidades para convertirse en creadores conscientes. Si solo desarrollaste amor, puede que ames incondicionalmente pero te falte discernimiento. Por ejemplo, puede que atraigas personas que quieren ser cuidadas y que no quieren tomar responsabilidad por sus propias vidas. No las ayudas aprobando su comportamiento inaceptable. Si solo desarrollas la sabiduría, puede que tengas la respuesta correcta, pero las personas no te escucharán porque te ven como una persona fría o como que no lo dices pensando en su bien. Si solo desarrollas voluntad sin las influencias moderadoras de los otros dos caminos, serías peligrosa. Probablemente tengas un ego sobredesarrollado que toma codiciosamente todo lo que quiere de los demás sin preocuparse por ellos.

—Es fácil ver –dije– que las personas con una voluntad sobredesarrollada y falta de empatía y compasión por los demás son las que han estado conduciendo al mundo en una mala dirección y que por eso muchas personas buenas tienen miedo de utilizar su voluntad. Sin embargo, creo que es esencial que utilicemos nuestra voluntad para actuar porque, de lo contrario, el amor y la sabiduría que tengamos no llegarán a ser tan efectivos como podrían serlo. No somos creadores completos. Necesitamos desarrollar los tres caminos del amor, la sabiduría y la voluntad no solo para manejarnos en la vida y en el mundo material sino para liberarnos del mundo ilusorio.

—Muy cierto –replicó Henry–. Y para entender mejor la importancia de estas tres cualidades, hay que mirar más allá del mundo físico y empezar a reconocer el mundo etérico. La clave de la transformación espiritual radica en pasar de la vibración baja que genera el corazón físico que está controlado por los deseos del ego a la vibración alta del corazón etérico. En el corazón etérico reside un fuego de tres llamas, la del amor, la de la sabiduría y la de la voluntad. Este fuego se expande a medida que te vuelves más consciente y, finalmente, eres todo fuego. Esta es la luz que pintan los artistas en forma de halos alrededor de la cabeza y del cuerpo de los santos desde el principio de los tiempos. Es posible alcanzar la autorrealización por medio de uno de los tres caminos, pero es preferible equilibrar las tres cualidades, en especial si deseas permanecer en el mundo para asistir a otros.

Me habré visto confundida, porque Henry continuó.

—Muchas tradiciones espirituales remarcan mucho la importancia de estas tres cualidades. Por ejemplo, el *Bhagavad-Gita*, el libro sagrado de los Hindúes, habla acerca de estos tres caminos hacia la conciencia, que los llaman Jnana, Bhakti y Karma (sabiduría, amor y acción correcta mediante la voluntad). Existe un cuarto camino, llamado Raja o yoga real, que combina la meditación con los otros tres caminos. Raja es un excelente camino a seguir para liberar el corazón, y también es el más rápido.

—Observé –comencé– que cada camino tiene sus peligros si nos apegamos a él, que es lo que desea el ego. Por ejemplo, el camino de Jnana (la sabiduría), el del intelecto, implica el peligro de no soltar los pensamientos (la mente), que en definitiva es el ego, para alcanzar una mayor conciencia. El camino de Bhakti (el amor) es pura devoción y profunda fe en el Infinito, pero el peligro es apegarse a los sentimientos de felicidad y no soltarlos para superar y dejar atrás la propia identidad. El camino del Karma es el servicio hacia los demás, pero el peligro es ayudar a otros para sentirse bien uno consigo mismo, que es egoísta, en lugar de hacer lo que requiere la voluntad universal. Existe incluso otro camino, el yoga Hatha, que no mencionaste. Su base son las posturas físicas, pero el peligro es apegarse a tener un cuerpo físico perfecto. El peor peligro, en mi opinión, es que muchos buscadores espirituales prueban todos los caminos pero no se comprometen con ninguno el tiempo suficiente como para realizar un progreso espiritual notable.

—Tú –dijo Henry– has marcado muy bien la diferencia entre los aspectos externos e internos de cada camino. Las personas suelen seguir la forma externa del camino que eligieron pero, al final, deben mirar hacia adentro. Eso es lo que hacemos durante nuestras conversaciones.

—Pero, por lo que vi hasta ahora, nuestras conversaciones van tocando los distintos caminos pero no profundizan en uno solo –comenté, confundida.

—Así es –afirmó Henry– porque las cualidades positivas que hace falta desarrollar se suelen asociar a uno de esos caminos. Pero al fin y al cabo, todos los caminos están interconectados.

—Santo cielo. Primero hablas sobre las distintas visiones del Infinito, luego de los principales caminos hacia la conciencia, y recién ahora hablamos sobre las cualidades que necesitamos para volvernos conscientes. ¿Podemos hablar sobre las cualidades que nos llevan a la conciencia independientemente del camino de cada uno?

—Con mucho gusto –dijo Henry, enviándome energía amorosa–. Al practicar las cualidades positivas, sin importar qué camino o tradición espiritual sigues, tu vibración aumenta. Lo explicaré empezando por la cualidad de la voluntad. La voluntad también se asocia a la firmeza, la perseverancia y el compromiso. Las tres son básicamente la misma cualidad. La voluntad sola casi nunca es suficiente para liberarte del ego, por eso es necesario equilibrarla con la cualidad de la devoción. La voluntad tiene más energía yang y la devoción más yin. Si eres demasiado yin, puede que nunca consigas nada y, si eres demasiado yang, empoderar al ego.

»Sin embargo, la voluntad y la devoción, por sí mismas, no garantizan la unión con el Infinito. Primero, necesitas fe y confianza en que el Infinito es amor incondicional y que es preferible ese estado al estado egoico en el que te encuentras ahora, porque de lo contrario no accederás a abandonar tu ego para unirte al Todo. Las cualidades positivas de la fe y la confianza crean la base sobre la que se construye la devoción. Y la fe y la confianza en que puedes reunirte con el Infinito es también la base sobre la que se construye la voluntad.

—Gracias por explicarme cómo la relación entre la fe, la confianza, la devoción y la voluntad hace que se refuercen y apoyen entre sí. ¿Podrías explicar la interconexión entre otras cualidades positivas que conduzcan a la conciencia? –le pedí.

—A medida que analizas tu vida –replicó Henry–, descubres que la perfección está muy lejos, y así aprendes a ser humilde. Con la humildad, aprendes a entenderte y a perdonarte a ti misma y a otros por el dolor que han causado. Mediante este proceso, te vuelves más compasiva y sabia. Mediante la sabiduría, buscas guiar tu vida en alineación con la conciencia, que, en última instancia, conduce a la paz.

—Por tus ejemplos –remarqué–, entiendo que no importa cuál cualidad positiva desarrollemos antes porque están todas entrelazadas como los hilos de una soga. Cada cualidad es necesaria para que la soga sea más fuerte.

—Esa es una buena metáfora. La soga funciona mejor cuando todos los hilos son del mismo grosor, y por eso es importante desarrollar todas estas cualidades, no solamente las que te resultan más fáciles según tu temperamento. Todas estas cualidades ayudan a despertarte del sueño de que eres un individuo separado de todo lo demás. El universo te reflejará las cualidades débiles que necesitan un refuerzo en tu interior, tanto como las que son demasiado fuertes y debes suavizar. Por ejemplo, si aprendiste las leyes universales intelectualmente y te consideras sabia, pero no aprendiste humildad, surgirán oportunidades para que lo corrijas. Puede que tengas un derrame cerebral o Alzheimer para que tu mente se vea comprometida.

—Eso es bastante drástico, ¿no? ¿No podría ser más sutil el universo?

—A veces ustedes no aprenden la lección cuando es sutil. Tal vez el universo ya te dio pistas de que no eres amable o compasiva con los demás y tú ignoraste el aviso. El progreso se da en forma de espiral, no en una línea recta, por lo que vuelves cíclicamente a repasar las mismas lecciones para aprender distintos aspectos y capas más profundas de las cualidades positivas.

—Para mí, el amor es la cualidad definitiva que necesita la humanidad. ¿Por qué siento que el amor resolvería todos nuestros problemas? –pregunté, confundida.

—El amor es el respeto hacia todos los estados y todos los seres, más allá de cómo actúen o qué suceda. El amor no apegado, imparcial e incondicional es la realidad suprema, y todos deben descubrirlo.

—Me gustaría que me ayudes a esclarecer algo.

—¡Dime! –replicó Henry.

—Cuando leo libros escritos por personas que afirman haberse autorrealizado, tengo una idea bastante clara de si lo están realmente y, en ese caso, de aproximadamente en qué nivel se encuentran por cómo hablan sobre la conciencia. Por supuesto que sé que no soy capaz de evaluar la conciencia de los grandes maestros porque están mucho más avanzados que yo.

—Entonces, ¿cuál es la pregunta?

—He leído muchos libros del psiquiatra David Hawkins que se ha autorrealizado y me sirvieron mucho para examinar los pasos a dar para fusionarme con el Eterno.

—Interesante, pero ¿cuál es tu punto?

—He experimentado estados de conciencia más elevados del que tengo ahora, y por eso me pregunto si sufrí un retroceso o si hay otra explicación –respondí–. Hace treinta años, para ser precisa, experimentaba una sensación de éxtasis en todos mis cuerpos y el estado de plenitud que según Hawkins es un campo energético más elevado que el amor, que es la cualidad en la que estoy trabajando ahora mismo.

—Me alegra que menciones esto porque es importante –respondió Henry–. Hace treinta años, tu vibración promedio era más baja que la actual, así que no estás retrocediendo. En ese momento, experimentaste estados de conciencia más elevados que tu estado promedio normal porque la conciencia catapulta a las personas hacia frecuencias más elevadas durante periodos cortos de tiempo cuando han hecho un progreso notable en su vida actual o mediante el uso de un don espiritual que desarrollaron en otra vida. Esto sucede más a menudo a medida que te acercas a la iluminación.

—¿Y por qué sucede eso? –inquirí.

—Porque cuanto más te acercas a la iluminación, más influencia tiene tu alma sobre tu personalidad, y así todas tus vidas y todos los límites entre las frecuencias físicas, emocionales y mentales se fusionan.

—Estos episodios de euforia se produjeron al mismo tiempo que sufrí lo que yo llamo «erupciones de fuego», que eran quemaduras de segundo grado en varias partes del cuerpo. En ese momento sabía que la causante de estas quemaduras era la energía espiritual kundalini que estaba disolviendo bloqueos emocionales que afectaban mi cuerpo, y esto duró algunos años y luego amainó. Estos episodios de euforia eran mejores que el sexo, pero, sin importar lo mucho que lo intentara porque mi corazón estaba inmensamente abierto, no podía producir esta felicidad en otras personas. Podía autoinducírmela pero evitaba hacerlo para no caer en una adicción. Luego esta época eufórica terminó.

—Supiste que era importante rechazar el éxtasis porque lo aprendiste en vidas anteriores en las que tuviste un nivel de conciencia más alto que el actual. En esas vidas descubriste que debes renunciar al éxtasis para alcanzar niveles incluso más altos de conciencia y, en esta vida, pusiste en práctica este conocimiento.

—El problema es que no pasé a un estado mayor sino a uno menor –respondí descontenta–. Además, me pregunto si esto también le sucede a otras personas.

—Hiciste lo correcto porque, en ese momento, no habrías podido fusionarte completamente con el Eterno. No era tu destino. Cada persona tiene un destino puntual en cada vida que casi nunca se desenvuelve de manera lineal y que avanza a la velocidad acordada en su contrato álmico. Tu destino era explorar todos los aspectos del ego y sus juegos emocionales y mentales para disolverlo y mientras tanto permanecer en tu cuerpo físico. Tu camino te ha conducido continuamente al amor incondicional, que es lo que has estado aprendiendo los últimos treinta años.

—¡Cielos! Qué aprendiz lenta.

—En absoluto –respondió Henry–. Existen muchas maneras de liberar el corazón, y tú has profundizado en todas ellas. En este tiempo, te has convertido en madrastra y has aprendido a poner a los niños primero, y eso es el amor de una madre. Formaste una relación amorosa comprometida en la que aprendiste lo que es el perdón, la gentileza y el amor incondicional.

—Corrección– interpuse–. Todavía no aprendí del todo esas cualidades. Sigo aprendiéndolas.

—Cierto, pero celebra el progreso. Además, en este tiempo, has amado y asistido a miles de personas en maneras que ni siquiera tú misma conoces conscientemente. Con el paso del tiempo, has descubierto maneras más profundas para liberar el corazón y te has dado cuenta de que lo que les haces a los demás, te lo haces a ti misma. No hay palabras que destaquen lo suficiente la importancia de liberar el corazón.

—Al ser una persona reservada, me incomoda esta exposición pública de mis secretos más íntimos.

—Dejar que otras personas conozcan tus áreas más vulnerables facilita el proceso de soltar tu identidad, que es necesario para unirse conscientemente con la inteligencia universal. Estar dispuesta a exponer las heridas o los secretos que estás escondiendo acelera el proceso. Esto funciona así para todas las personas, no solo para ti. Es diferente contar lo que te sucede para aumentar el ego que para reducirlo. Tú estas haciendo lo segundo.

—¿Tienes alguna recomendación para reducir la influencia del ego de otras maneras? –pregunté.

—Mantente alerta, date cuenta cuando te desvías y rectifica el paso. Continúa haciendo lo que estás haciendo, es un proceso orgánico.

—Tengo tropiezos, pero he notado que ante una situación difícil, me mantengo en neutro-positivo la mayor parte de las veces y no recaigo en los comportamientos negativos del pasado.

—El ego quiere arrastrarte hacia frecuencias inferiores en las que puede controlarte más fácilmente. Para avanzar, utiliza tu fuerza de voluntad y continúa soltando todas las creencias, roles, valores, personas y placeres a los que te apegas. Recuerda que la iluminación no es algo que te ganas. En definitiva, es un regalo de gracia.

—Entonces, ¿lo que estás diciendo es que aunque siga todas estas recomendaciones puede que no me autorrealice? Me parece que no es un muy buen incentivo para intentarlo, ¿no crees?

—La inteligencia universal se fija en ti mediante los procesos que mencioné. Y es necesario que sueltes el apego a autorrealizarte y entregar todo profundamente confiando en que el universo lo hará en el momento perfecto que tú, desde el ego, no puedes conocer.

—¿Hemos hablado ya de todas las cualidades positivas necesarias que serán de ayuda? –pregunté, ya bastante apaciguada.

—Se producen cambios biológicos y electroquímicos en el cuerpo cuando experimentas emociones positivas o negativas que nacen de las visiones de vida y creencias positivas o negativas que tienes. Y estas, a su vez, incrementan o disminuyen tu frecuencia, que es lo que te acerca o te aleja de la autorrealización. Mañana profundizaremos en las formas-pensamiento que crea el ego para enjaularte y hacer que te sientas separada del Infinito.

Y con esas palabras, cesó nuestra charla.

El comentario de Henry de que estaba desarrollando el amor incondicional con éxito, mi objetivo principal, fue alentador. Reflexioné que muchas veces notamos una debilidad, como falta de compasión, fe o voluntad y nos comprometemos a fortalecer esa cualidad, quizás por años. Durante ese tiempo, es normal desalentarse debido a los tropiezos. Por eso, es esencial celebrar el progreso realizado y mantenernos optimistas, incluso si no nos autorrealizamos en esta vida. Recordé un maravilloso dicho chino: «El secreto del éxito es caer seis veces y levantarse siete». El viaje hacia la autorrealización es un compromiso a largo plazo.

8

ERES UN HOLOGRAMA

Todo lo que somos es el resultado de todo lo que hemos pensado.
Todo es mente. Somos lo que pensamos

— BUDA

Al día siguiente, apenas me senté y dirigí la atención hacia mi interior, Henry se lanzó al tema que deseaba discutir.

—Te haré una pregunta –empezó Henry–. ¿Crees que el mundo es real?

—No, creo que es una ilusión –contesté con seguridad.

—¿Y qué prueba tienes de eso?

La pregunta de Henry disparó el recuerdo de cómo descubrí que el mundo es una ilusión.

—Décadas atrás –dije–, visité el Museo de Holografía de la Ciudad de Nueva York, que desafortunadamente cerró en 1992. Exhibía imágenes holográficas en 3D a escala real de personas en movimiento. Por aquella época, jamás había escuchado nada sobre los hologramas, por lo que verlos me tomó totalmente de imprevisto y tuvo un impacto indescriptible sobre mí. Mientras caminaba entre las imágenes en movimiento de un hombre andando en bici y una mujer enviándome un beso en tamaño real, me di cuenta de que todos nosotros somos hologramas ilusorios como esas imágenes, y que el mismo mundo, que consideramos real, también es un holograma.

»Este saber no era teórico, era la puerta de entrada a otra realidad; algo como lo que les habrá sucedido a las personas hace 500 años cuando descubrieron que el Sol, no la Tierra, es el centro del sistema solar. Cuando se produce un cambio de paradigma de esta magnitud, ya no puedes volver a tener las creencias anteriores.

—¿Y cómo te cambió este saber? –preguntó Henry.

—Esta revelación me inspiró a buscar maneras de mostrarles a las personas que el mundo físico es una ilusión. En los talleres, por ejemplo, les pido a los participantes que toquen a su compañero de al lado y les pregunto «¿Tu compañero es sólido?». Generalmente contestan que sí.

»Entonces, les pregunto «¿De qué están compuestos?». La respuesta suele ser «Moléculas de agua».

»A eso, replico «¿Y de qué están hechas las moléculas de agua?». Y a esto suelen contestar «espacio» o «éter».

»Y ante esto, les pregunto «Sabes que la ciencia ha probado que todo es éter en un 99,9%, entonces ¿por qué continúas considerando que las personas y el mundo son sólidos?»

»Al demostrar la distancia que hay entre lo que creen en teoría y lo que perciben con sus sentidos físicos de vista y tacto, intento ayudarlos a empezar a percibir el mundo físico como un holograma, una ilusión.

—¿Y lo has conseguido?

—No lo se. A veces, necesitamos oír lo mismo de distintas maneras antes de que cambiemos nuestra visión de la realidad. Leí investigaciones científicas sobre la conciencia para saber si la ciencia tradicional encontrará un cambio de paradigma similar al mío en algún momento.

—¿Y...?

—Descubrí que el físico cuántico David Bohm y el neurofisiólogo Karl Pribram comenzaron a hablar de la naturaleza holográfica del universo y del cerebro al mismo tiempo que yo tuve la revelación. Cada uno experimentó un cambio de paradigma mediante el filtro de su área de conocimiento.

—Eso no es coincidencia –replicó–. Cuando una persona descubre algo, crea una forma-pensamiento que otras pueden seguir. Estas formas-pensamiento se fortalecen a medida que más personas piensan en ellas. Cada forma-pensamiento importante tiene distintas notas, tonos y frecuencias que dependen del filtro que usa la persona según sus intereses. Por ejemplo, si tu filtro es la ciencia, probablemente te acercarás al tema mediante la física cuántica, la matemática, la astronomía o la neurofisiología. Si tienes un enfoque espiritual o místico, la revelación se dará mediante la meditación, libros espirituales o el compromiso con un gurú.

—La ciencia ha avanzado a pasos agigantados en los últimos 50 años –respondí– Sin embargo, muchas teorías científicas tradicionales sobre la realidad y el universo siguen en concordancia con un modelo centrado en el ego.

—La inteligencia universal –comentó Henry– va más allá de la visión del ego y solo se puede experimentar mediante un cambio fundamental de conciencia que no se encuentra en la realidad tridimensional. La ciencia puede probar la inmensidad del universo físico, pero no puede llegar a conocer la inmensidad de la inteligencia que lo creó. Simplemente tienes que reflexionar en que el universo físico está compuesto de miles de millones de galaxias que están hechas de miles de millones de sistemas solares que tienen miles de millones de planetas para vislumbrar el tamaño de la inteligencia que lo creó. Y los universos astrales y causales son mucho más grandes que el universo físico que ven los astrónomos. La conciencia eterna ordena todo esto.

—Tu ejemplo me ayuda a dimensionar la inmensidad de la inteligencia universal, pero ¿esto cómo impacta a los humanos? ¿Qué pasos evolutivos deberíamos dar para movilizarnos desde el punto actual hasta reunirnos con la inteligencia?

—Actualmente –respondió Henry–, la humanidad se encuentra en una encrucijada. El ego ha hipnotizado a los humanos y les ha hecho creer que el mundo físico es real; la humanidad apenas ha comenzado a ver que es una ilusión. Con esta revelación, los humanos se han dado cuenta de que sus pensamientos crearon su realidad que, a su vez, significa que mediante el pensamiento pueden cambiar su realidad. La mayoría de las personas están poniendo en práctica este conocimiento sobre cambiar la realidad física solo para atraer bienes materiales con los que el ego les hace creer que alcanzarán la felicidad. Las visualizaciones creativas, las afirmaciones y las notas sobre la heladera, técnicas muy buenas por lo cierto, atraen dinero, bienes y amantes.

»Sin embargo, cuando descubren que satisfacer las necesidades del ego no genera felicidad, terminarán aprendiendo a concentrarse en liberarse de las redes del ego. Esto está ocurriendo con más frecuencia últimamente y, a medida que más personas se liberan, facilitan el camino para que otros también lo naveguen. Y no están solos. La inteligencia universal los ayuda en el proceso y su energía está permeando el reino causal y astral e infiltrándose en el físico.

—Has hablado sobre la próxima etapa de la humanidad en general, pero ¿podrías especificar cuáles son los pasos que hemos de dar para convertirnos en creadores completos?

—Claro, si crees que será de ayuda.

—Me ayudará porque deseo entender qué pasos debo dar.

—Ahora mismo –respondió–, ustedes son conscientes en el reino físico. Visitas el reino astral en sueños y entre encarnaciones pero muy pocos de ustedes son realmente conscientes allí. No podrás permanecer en el reino astral hasta que tu frecuencia de conciencia no sea lo suficientemente alta como para dejar de encarnar en el reino físico. La humanidad está avanzando hacia esa etapa actualmente. Incluso entonces, sin embargo, no estarás totalmente consciente y deberás encarnar en el reino astral hasta liberar todas las emociones negativas. El paso siguiente es permanecer en el reino causal hasta transmutar todos los pensamientos negativos. Una vez hecho todo esto, te unes con tu alma y te fusionas con la conciencia universal.

—Corrígeme si me equivoco, pero ¿acaso no estás ayudándonos a liberar los pensamientos y sentimientos negativos mediante tus instrucciones? Y en ese caso, ¿no estamos limpiando nuestros cuerpos astrales y causales mientras permanecemos en un cuerpo físico?

—¡Bien hecho! Eso es exactamente lo que hago.

—Eso va a ahorrarnos unas cuantas reencarnaciones, ¿no es así?

—Solamente si pones en práctica lo que digo. Estar de acuerdo teóricamente no es suficiente.

—Lo que dices es complejo –afirmé–. Paramahansa Yogananda lo explica de manera más simple. Él dice que hay tres niveles de conciencia: el ego es el consciente común y el subconsciente, y el alma es el superconsciente. Según Yogananda, el subconsciente consiste en los varios niveles de inconciencia que hemos examinado. Algunos niveles son más superficiales, por lo que podemos recordarlos más fácilmente. Pero hay otros niveles más profundos y totalmente desconocidos. Por ejemplo, una mujer que tiene dificultad para disfrutar del sexo con su marido podría recordar fácilmente, si lo desea, que este patrón se viene repitiendo con todas sus parejas. Sin embargo, en un nivél más profundo, puede que sea inconsciente de que el origen del problema radica en el abuso incestuoso que sufrió de parte de su padre.

»El subconsciente o inconsciente, el consciente y las frecuencias álmicas de las que habla Yogananda están mezcladas. Y el alma, durante la realidad cotidiana, (lo que Yogananda llama la frecuencia «consciente») ya no es conciencia pura porque se enredó con el ego. Somos combinaciones de los tres niveles simultáneamente.

»Quisiera hacer una pregunta. Hemos hablado largo y tendido acerca del ego, pero ¿podríamos hablar del alma para variar?

—¿Qué quieres saber?

—Para empezar, me gustaría comprobar que mi definición de alma sea correcta.

—¿Y tu definición es...?

—Considero que el alma es un reflejo individualizado de la conciencia universal. Creo que en algún momento el alma se disolverá y solamente quedará la conciencia universal cubriendo todo. Eso ocurrirá cuando no necesitemos una identidad personal. ¿Estoy en lo correcto?

—El alma es necesaria en una etapa determinada dentro de la evolución humana –respondió Henry–. El alma, o el superconsciente, es un nivel individualizado de la conciencia. Y, como tú dices, se disuelve cuando ya no la necesitas. El alma está en el reino del saber intuitivo que va más allá del reino mental del pensamiento. Sin embargo, tu viaje no termina con la disolución del alma. La iluminación consta de varias etapas. Luego de la conciencia álmica viene la unión con la conciencia universal que atraviesa todos los mundos manifestados. Esta etapa se suele llamar «conciencia Crística». Y la última etapa de la iluminación es la conciencia cósmica, que es la unión con el Infinito tanto dentro como más allá de toda creación. Buda habló sobre este estado final.

—Evidentemente, me queda mucho por recorrer –dije, no sin algo de humor.

—Fortalece la conexión con el alma –indicó Henry–. Al hacer esto, el alma se despega del ego. El ego no puede existir en presencia de una vibración tan alta, por lo que se disolverá cuando pases a ese nivel de conciencia. Para lograrlo, volvamos a hablar sobre las formas-pensamiento negativas y positivas que existen en los reinos astrales y causales, ¿quieres?

—Tengo una pregunta que me ha estado agobiando. Si una persona es atea y no cree en el alma, ¿podrá iluminarse?

—Si practica la compasión hacia otras personas y hacia todos los seres entonces vibrará más alto, sin importar cuáles sean sus creencias.

—Volvemos a que el amor y la compasión son la clave de la transformación. Me alegro por los ateos, pero debo decir que me frustra que, aunque pongo en práctica todas tus sugerencias, un caracol progresaría más rápido que yo.

—Puede parecer lento, pero has tomado votos Bodhisattva. Eso significa que te has comprometido a ayudar a todos los seres, además de a ti misma, a despertar. Cuando las personas son capaces de mantener una frecuencia vibracional de conciencia determinada, comienzan a elevar la frecuencia de su familia y del inconsciente colectivo al mismo tiempo que elevan la propia.

Más tranquila, pregunté:

—¿Hay algo más que recomiendes para acelerar la transformación espiritual?

—Practicar meditaciones profundas diariamente aumenta la frecuencia del alma. El ego no existe en las frecuencias álmicas superiores. Al meditar profundamente, transmutas tu propia vibración, la de tu linaje ancestral y la del inconsciente colectivo de toda la humanidad simultáneamente.

—¿La meditación puede convertir el miedo en otras cualidades, como la compasión?

—Como mencioné anteriormente, cada pensamiento y cada sentimiento tiene una vibración específica. Entonces, depende de los pensamientos y los sentimientos que tengas mientras meditas. La energía sigue al pensamiento impulsado por la emoción, así que decide qué pensamientos deseas tener y cultívalos.

—¿El sentimiento de gratitud hacia un amigo o un maestro debe ser más fuerte que el miedo al rechazo, por ejemplo, para que esto funcione?

—¿Qué crees? –preguntó Henry.

—Creo que la vibración más alta es la que prevalecerá en última instancia, ya que es el camino hacia la conciencia. Pero esto podría tomar años si la vibración del miedo es más fuerte que la de la gratitud.

—Así están las cosas. En ese caso, ¿qué se podría hacer para fortalecer la vibración más alta?

—Podría observar mis pensamientos y utilizar la fuerza de voluntad para transformarlos de negativos a positivos. Además, debo recordar todas las cosas maravillosas que hay en mi vida. Sería más efectivo hacer esto durante la meditación, que es un estado de mayor frecuencia, que durante la vida cotidiana. Mejor aún, podría practicar el enfoque neutro-positivo en todo lo que hago.

»¡Oh, y espera un momento! ¿Qué sucede si ya estoy haciendo estas cosas, pero siento que no es suficiente o que no lo hago correctamente? –pregunté, confundida.

—Recuerda que es el ego quien te hace dudar sobre lo que haces y sobre cómo lo haces –respondió Henry–. Estas dudas son formas-pensamiento grandes y poderosas que habitan en el inconsciente de la humanidad. Los grandes maestros liberados de los Vedas, los Rishis, llamaban *sanskaras* a estas formas-pensamiento.

—¿Podrías explicar cómo se crean estas poderosas formas-pensamiento y cómo disolverlas?

—Durante la evolución de la humanidad –comenzó–, las personas han descartado ideas y creencias antiguas a medida que progresaron. Estas ideas antiguas crean formas-pensamiento que, según su vibración, habitan en el cuerpo físico, emocional o mental. Estas formas-pensamiento tienen una carga energética que la inteligencia corporal programa en el cuerpo constantemente hasta que sueltas el pensamiento que las creó.

—¿Cómo se asocian al ego las formas-pensamiento?

—El ego es la forma-pensamiento principal que utiliza la energía de las formas-pensamiento colectivas (*sanskaras*).

—¿Podrías dar algunos ejemplos de *sanskaras*?

—Las *sanskaras* son los recuerdos que fueron creados y energizados durante milenios por personas que pensaron lo mismo una y otra vez, ya sea por deseo, que es apego, o por repulsión, que es miedo.

»Algunas se asocian a la mente y al cuerpo mental, y se ubican alrededor de la cabeza. Son costumbres religiosas y sociales, mandamientos y motivaciones importantes de todo tipo que fueron reemplazadas por otras más importantes. Por ejemplo, ya hablamos sobre el cambio de visión de Dios que se produjo al pasar del Antiguo Testamento, en el que Dios era vengativo, al Nuevo Testamento, en el que Dios es compasivo. En la Era de Acuario, la visión volverá a cambiar y considerarán que cada persona es Dios.

—Creer que cada uno de nosotros es Dios va a ser un gran salto para la gente –afirmé–. Muchas personas pensarán que esto que dices es un sacrilegio.

—Así es –replicó Henry–, porque lleva cientos, e incluso miles de años, que una forma-pensamiento de mayor vibración reemplace a otra más antigua.

—¿Estas formas-pensamiento espirituales y mentales son las principales que debemos eliminar?

—No, para nada. Hay formas-pensamiento negativas e incluso positivas que conciernen tanto las ideas como los sentimientos sobre el valor personal que afectan al cuerpo emocional. Un ejemplo es sentir que tienes que ganarte el amor siendo generosa y útil. Estas formas-pensamientos suelen congregarse alrededor de la cabeza y del corazón.

—Si algunas de estas formas-pensamiento que se encuentran en el cuerpo mental y emocional son positivas, como tú dices, ¿por qué sería necesario eliminarlas? –pregunté, confundida.

—Todas las formas-pensamiento son ilusiones. El ego se aferra a las formas-pensamiento, incluso a las aparentemente positivas, para mantenerte bajo su control. Debes eliminar todas las ilusiones. Cuando vibras en la frecuencia álmica, la ilusión de la separación se disuelve y te haces consciente de que siempre has estado, estás y siempre estarás en unión con la conciencia universal.

—Ya veo. Mencionaste formas-pensamiento que se aferran a la parte superior del cuerpo, ¿hay alguna que se aferre a la parte inferior?

—Alrededor de la sección media del cuerpo se congregan sentimientos destructivos como el odio, el miedo, el enojo, el egoísmo, el amor posesivo y muchos patrones que intentan convertir a la persona en un mártir autoproclamado.

Y alrededor de la cadera y de la espalda baja se ubican las formas-pensamiento que afectan al cuerpo físico-etérico. Están los miedos instintivos, como el de la autopreservación, el sexo, la autoafirmación y la creencia de que uno está separado. Finalmente, alrededor de los pies están las formas-pensamiento que le impiden a la persona moverse o actuar.

—Es un milagro que pueda moverme en absoluto si estoy llevando el peso de todas estas *sanskaras*. Debo decir que el panorama que pintas no es muy esperanzador. No te escuché mencionar ninguna solución para ninguna de las formas-pensamiento de esa larga lista que enumeraste.

—No seas impaciente –contrapuso Henry–. Ya hablaremos de las soluciones en la próxima charla.

—La conversación de hoy fue pesada y me siento llena –le dije a Henry.

—Entiendo, pero es importante que las personas tengan una visión a largo plazo de la dirección que está tomando la humanidad y de cómo alinearse con esa dirección. Hablar solamente de tu vida personal es limitar el tema. Claro que podemos hablar de los miedos, de las creencias negativas y de las cualidades positivas que necesitas para desarrollar la conciencia, pero también tienes que poder observar un panorama más amplio que abarque tu destino y la razón por la que hacer lo que estamos haciendo es tan importante.

En ese punto de la conversación, me retiré para considerar lo que había dicho Henry. Al reflexionar sobre su definición de *sanskaras*, que prefiero llamar formas-pensamiento, empecé a darme cuenta de que el ego era una especie de forma-pensamiento abarcadora que contiene otras formas-pensamiento más pequeñas que usa para controlarme. Tuve una fuerte intuición de que reconocer la naturaleza real del ego era un paso hacia liberarme de él para que mi personalidad pudiera canalizar mejor la frecuencia álmica. Esperé ansiosamente la próxima conversación con Henry para confirmar mi intuición.

9

LAS TRAVESURAS DEL EGO

Mira al sol y las sombras caerán a tus espaldas.
— Proverbio Maorí

Durante varios días reflexioné sobre lo que Henry no había dicho y sobre lo que sí había dicho. Terminé preguntándome cuál sería mi *sanskara* principal. Todos los caminos conducen al ego como problema central. Me parecía que la conversación daba vueltas y danzaba alrededor del tema principal, lo cual me daba una sensación de progreso, pero seguía sin atacar lo esencial. Estaba claro que, hasta que no hiciera algo para encargarme del problema esencial, sería como una mala hierba que volvería a crecer una y otra vez en el jardín de mi conciencia. Pero, ¿qué podría hacer que no hubiera hecho todavía? Hora de preguntarle al experto.

—Necesito entender mejor al ego. Como dice el dicho «Conoce a tu enemigo» –le dije a Henry para abrir la conversación.

—Esa actitud no te llevará a ningún lado –contestó Henry lacónicamente–. Considerar que el ego es un enemigo genera el mismo apego que pensar que es un amigo. Debes verlo de manera objetiva, en un estado neutral para no darle energía. La energía de repulsión lo alimenta tanto como la de atracción.

—Es difícil mantenerme neutra cuando se que me mantiene en la ilusión y bloquea mi camino hacia la conciencia. ¿Podrías ayudarme de alguna manera?

—No puedo eliminar el ego por ti. Solo tú misma puedes hacer eso, pero puedo explicarte qué es el ego para que puedas entender mejor de qué manera te mantiene en el mundo de la ilusión.

—Adelante.

—Todo lo que piensas, sientes o haces en el presente crea una impresión energética que programa tu futuro. Cuando encarnas, el ego usa esta energía para crear las formas-pensamiento que te controlan. Además, como todos los pensamientos, emociones, miedos y deseos son comunes a todos los seres humanos, no existe realmente una personalidad separada, un ego o un «yo». El ego es un conjunto de muchas formas-pensamiento asociadas a tus deseos, heridas y guiones de vida que crean todo lo que consideras como parte de tu personalidad. Sin embargo, no existe una identidad personal. Crees que eres única, pero lo que percibes como diferencias entre tú y los demás no son más que variaciones de las mismas formas-pensamiento que utiliza el ego para programar a todos los humanos. Despierta del sueño y libérate de la ilusión.

—Cuando reflexiono sobre mi vida, siento que evolucioné en conciencia. Si no soy única, ¿mi sensación de progreso es errónea? –pregunté, confundida.

—En esta realidad ilusoria, evolucionas gracias a tu karma, tu fuerza de voluntad, tu devoción y tu actitud positiva, que atraen formas-pensamiento más elevadas y fortalecen tu conexión álmica. Pero las formas-pensamiento más elevadas también son ilusorias. El ego no puede evolucionar más allá de su propio límite y despertar. El ego, el «yo», evolucionó a partir de la naturaleza animal y no es tu Yo real, el «yo» eterno. El ego trabaja con el cerebro y lo que puede percibir o no es limitado. Puede que creas que el ego es tu mente o tu cuerpo mental, pero también se filtra en tu cuerpo emocional y físico. Estos tres cuerpos estan confinados al mundo de la forma, y todas las formas son ilusorias.

»El ego utiliza el sentido del olfato, el tacto, la vista, el oído y el gusto para percibir el mundo físico. Siente y reacciona ante estos sentidos con las emociones y decide si le gusta o no le gusta lo que percibe. A través del ego, la mente procesa las percepciones y toma una posición basada en sus experiencias pasadas influenciadas por la religión, la familia o el ambiente. El ego, como la parte animal del humano, observa las situaciones y a las demás personas y las juzga como amenazas o como algo deseable.

—Como todo lo que escucho pasa a través del filtro del ego, debo estar censurando lo que dices según mi programación. Entonces, ¿cómo me libero realmente del ego? –interpuse.

—Ya estás practicando muchas maneras de hacerlo. Existe un espacio interno que es como una pausa entre lo que está ocurriendo realmente y la interpretación que hace el ego sobre ello. Cuando observas los juegos del ego desde una perspectiva neutro-positiva y desde un estado de no apego, aumentas esa pausa y así ganas un tiempo para escuchar al alma. Además, como el ego no recibe energía cuando te mantienes en neutro-positivo, disminuyes su poder. Cuanto más practiques esta técnica, más debilitas al ego y más resonarás en armonía con la conciencia universal. Recuerda que el ego hará lo que sea por mantener el control y todas sus estrategias están diseñadas para asegurar su supervivencia. Algunos juegos son obvios, otros son más sutiles, incluso inconscientes. De a poco, a medida que te vuelves más consciente, aprendes a evitar los juegos obvios del ego y la mayor parte de tu atención se centra en descubrir los patrones inconscientes.

—Eso es lo que estoy haciendo actualmente, pero es como un nudo gordiano. Justo cuando creo que resolví un patrón erróneo, aparece otro nudo. Lo peor de todo es que no puedo controlar qué es lo que emerge ni cuándo. A veces parece que progresé en un problema solo para volver a estancarme en él o incluso retroceder.

—¡Maravilloso! –exclamó Henry– Eso es progreso. Entregarte al proceso transformacional es clave, incluso si no eres intelectualmente consciente de lo que está ocurriendo. Confía en el proceso y permite que continúe de esa manera.

—No puedes imaginar las tentaciones. Siento el deseo de ir al baño, comer, morderme las uñas, tomar café, contestar el teléfono, enviar correos electrónicos, mirar la televisión y tomar una siesta. Cuando satisfago uno, surge otro. Se que esos deseos son distracciones y soy consciente de que los cumplo. La mayoría de las distracciones son físicas, pero por momentos también siento que mis emociones suben y bajan como un yo-yo, paso de sentir felicidad a lástima por mí misma sin razón aparente. Es como si las emociones tuvieran vida propia. ¿Algún comentario?

—¿Sientes culpa o depresión cuando te entregas a estas tentaciones físicas o emocionales? –dijo, respondiendo a mi pregunta con otra pregunta.

—Generalmente no. A veces hago lo que quiere el ego y a veces lo rechazo y observo cuánta incomodidad siento física o emocionalmente. Estoy probando distintas cosas. Parece que no hay un método correcto o incorrecto, solamente permito que suceda y observo.

—¿Has considerado mantenerte firme y negarle al ego lo que desea?

—Si, pero no siento que sea el método adecuado en este momento, aunque tal vez lo sea para alguien más. Como soy tan *yang* y tan decidida, siento que es mejor suavizarme y ser más *yin*. ¿Está bien hacer esto o estoy equivocada?

—Puedes ser *yin* y decirle que no al ego –contestó con firmeza–. Sin embargo, tienes razón en que para trabajar eficientemente con la inteligencia corporal, debes equilibrar el hacer y el ser, *yin* y *yang*. Estas son las polaridades negativas y positivas que crean una corriente eléctrica en el cuerpo y que te permiten transformarte. El mundo moderno prefiere hacer, la cualidad *yang* y no le agrada tanto simplemente ser, que es la cualidad *yin*. Pero es esencial equilibrar y practicar ambas cualidades en la misma proporción. Demasiada energía *yin* o *yang* produce desequilibrios y tensión, que lleva a bloquear la energía en el cuerpo físico, emocional y mental. Para que tu energía fluya en armonía con la conciencia, debes trabajar con ambas cualidades por igual.

—Al desarrollar cualidades *yin*, ¿ayudo al alma a eliminar el ego?

—Así es –respondió Henry– Al fluir y entregarte a este proceso transformacional, rompes patrones viejos y el apego a ser de determinada manera para estar a salvo, sentirte amada, ser exitosa y demás. Esta actitud rompe el control del ego. El mayor apego, que tienes tú y todas las personas, es el miedo a la muerte, y todos los juegos del ego están hechos para asegurar su supervivencia. No es necesario que destruyas al ego como un samurai o que intentes vencerlo mentalmente porque no funcionaría, ya que el ego es un producto de tus pensamientos. Solamente necesitas dejar de identificarte con él. Deja que el amor guíe tu vida, desarrolla una mayor compasión por ti misma y por los demás, y entrégate a la Fuente Eterna de toda forma de vida. Hacer esto desempodera al ego. Entiende que la personalidad egoica, como el cuerpo físico, es una herramienta útil para manejarse en la realidad tridimensional, pero ambas cosas se disuelven en las frecuencias más altas del alma.

»No te fuerces a hacer nada. El ego ama las batallas, y las emociones *yang* de enojo, orgullo y frustración lo alimentan. Persevera y concéntrate en tu objetivo final de alcanzar la autorrealización y practica las técnicas *yin* más sutiles para disolver el ego. Esto funcionará cuando sea el momento. El poder del amor sobrepasa la mente y a la mayor parte del control que ejerce el ego sobre los pensamientos.

—¿A qué te refieres con «amor»? –pregunté.

—El amor del que hablo es el amor universal, el amor hacia cada ser, hacia la Tierra y hacia todos los santos y las personas que nos han mostrado el camino. Ama a todos los seres como a ti misma y a ti misma como a todos los seres. Observa, siente y percibe que la fuente de este amor es Infinita, la Fuente Eterna. Amar a todos con devoción abre tu corazón y, a medida que se expande tu amor, tu frecuencia aumenta. Este amor más elevado sobrepasa el plano mental, donde residen los pensamientos controlados por el ego.

—¿Podrías darme un ejemplo de un pensamiento erróneo creado por el ego en el plano mental?

—El más obvio es la creencia en un estado celestial –respondió Henry rápidamente–. Como el ego teme a la muerte, creó un apego a la idea de vivir después de la muerte en distintas versiones del cielo. Según tus creencias religiosas, puede que el cielo sea mujeres que danzan, ángeles o felicidad pero la mayoría están en distintas frecuencias astrales. En el reino astral están las distintas versiones del cielo y del infierno que crea el ego como parte de su ilusión. Esta ilusión comienza, sin embargo, en el reino mental-causal en el que está tu mente. Pero la mente, como ya dije, en realidad es tu ego.

—Pensaba que el alma existía en el reino causal. ¿Cómo pueden convivir el ego y el alma en el mismo lugar? –pregunté con curiosidad.

—El alma existe en una frecuencia vibracional más elevada del reino causal y el ego existe en una vibración más baja del reino causal. Recuerda, como el reino causal es parte del mundo de la forma, se disolverá en el futuro, en un estado más alto. Abandonar la idea de que tienes tu propia alma personal eterna es lo más difícil de aceptar para los buscadores espirituales.

—La idea de ser una personalidad infundida de alma me ha impulsado en mi viaje espiritual –interpuse, sin querer soltar *mi* idea.

—La clave es la palabra «personalidad», que es sinónimo de ego. En una determinada etapa, el concepto de tener una personalidad infundida de alma es útil, pero tú ya has dejado atrás esa etapa y debes soltar esa idea.

—Me arriesgo a parecer una quejosa, pero ¿qué queda? –pregunté.

—Es difícil de concebir el despertar desde un estado anterior, ya que está más allá de las definiciones físicas, emocionales y mentales, aunque abarca a las tres.

—Respuesta vaga. Muy vaga. –No me sorprendía.

—Muy bien. Intentaré de nuevo. Una mariposa es totalmente diferente de una oruga, pero no habría mariposa sin oruga. Es importante recordar que la oruga se digiere a sí misma dentro del capullo para convertirse en mariposa. El humano dominado por el ego sigue en la etapa de la oruga en la evolución y debe disolver sus apegos anteriores para convertirse en un humano despierto.

—Eso es más entendible pero no estarían demás algunos detalles.

—¿Recuerdas las etapas de iluminación de las que hablamos durante nuestra última conversación? Es importante, así que continuaré a partir de lo que hablamos —Henry hizo una pausa y esperó a que le diera mi consentimiento.

No estaba convencida de que repetir lo que ya me había dicho anteriormente fuera a ayudarme a entender mejor la autorrealización. Sin embargo, decidí no emitir juicios para prestarle a Henry toda mi atención.

—La primera etapa —comenzó lentamente—, llamada autorrealización, iluminación o despertar, se produce cuando entiendes que el mundo físico es un sueño, una ilusión creada por la inteligencia universal. Esta experiencia no es una teoría en la que creer, sino una realidad. La mayoría de las personas que dicen estar «iluminadas» están en esta etapa. Cuando entras en esta etapa ya no necesitas reencarnar en forma física. Sin embargo, debes seguir reencarnando en forma astral hasta que todas tus emociones estén en armonía con la conciencia.

—Pregunta —Lo frené antes de que continuara— ¿Puedes estar un poco autorrealizado, no completamente?

—¿Puedes estar un poco embarazada? —rebatió.

—Siguiendo tu ejemplo, ¿qué pasa si ya tienes un embarazo de nueve meses pero todavía no has dado a luz? ¿No es esa una mejor forma de ver la diferencia entre alcanzar la autorrealización y no alcanzarla?

—Ese es un buen punto, y es válido hasta cierto límite. El proceso evolutivo hacia la autorrealización lleva incontables reencarnaciones. A medida que te acercas al momento de dar a luz, atraviesas la noche oscura del alma. Dejas atrás la etapa de oruga y comienzas a autodigerirte dentro del capullo, que es lo que estamos haciendo juntos ahora, para prepararte para convertirte en mariposa. La etapa del capullo equivale al embarazo. Esta etapa puede discurrir a lo largo de varias vidas en las que te conviertes gradualmente en mariposa mientras continúas funcionando en el mundo. Durante esas vidas pasas de estar embarazada de dos meses a seis a ocho. Durante esta etapa del capullo la mariposa se está formando pero todavía no está lista para nacer como un ser totalmente transformado.

—Esta explicación es útil. Aclara porqué a veces tengo revelaciones sobre lo que creo que es la autorrealización pero no me quedo ahí. Consigo atisbar como sería la autorrealización. Cuéntame más sobre el reino astral, ya que es la siguiente etapa, la de la mariposa.

—El reino astral –continuó Henry– es el espacio en el que se encuentran tus sueños, el lugar al que vas entre vidas y donde tus pensamientos y sentimientos crean la realidad. En el reino astral, puede que veas seres queridos que han fallecido e incluso puedes estudiar con seres espirituales que te ayuden a aprender sobre ese reino. A medida que aprendes esas lecciones, los efectos se trasladan a tu vida cotidiana y así se cataliza tu transformación.

—Otra pregunta. Entonces, ¿incluso aunque no estemos autorrealizados visitamos el reino astral?

—Cuando no estás autorrealizada, el reino astral es vago y nuboso. No es tu realidad, y lo más seguro es que olvides lo que viviste allí cuando despiertes por la mañana o cuando reencarnes en otro cuerpo físico. Pero cuando te autorrealizas, eres consciente en el reino astral de la misma manera que en el físico. El reino astral comienza a ser tu realidad cuando logras despejar todas tus emociones negativas.

—¿Pero acaso tus instrucciones no me están ayudando a despejar las emociones negativas ahora mismo? ¿No debería hacer eso en mis encarnaciones astrales despues de autorrealizarme?

—Estoy ayudándote a despejar tu cuerpo físico, astral y causal. Cuanto más limpiemos tu cuerpo astral y causal ahora, mayor será el estado de autorrealización que alcanzarás cuando sea el momento porque no tendrás tanto para limpiar en los reinos astrales y causales.

—Esto es fantástico. ¿Esta es la función de todas las inteligencias corporales?

—Sí.

—Entonces, ¿trabajar contigo es la manera más eficiente de avanzar espiritualmente?

—Definitivamente es una de las maneras más eficientes y es por esto que suelo llamarme espíritu del cuerpo. Pero todavía no había terminado mi explicación.

—Perdón, continúa por favor.

—Una vez completada la etapa de las encarnaciones en el reino astral, comienzas a encarnar en el reino causal hasta haber abandonado toda identificación personal. En el reino causal, el alma se disuelve, ya que no necesitas forma alguna. Entonces te fusionas con la conciencia universal. Estas últimas encarnaciones astrales y causales suelen ser mucho más rápidas que las encarnaciones en el reino físico, porque aumenta tanto tu deseo de unirte totalmente con la conciencia como tu saber de que aún no lo has logrado.

—¿Se entiende mejor ahora? –preguntó Henry.

—Has hecho un gran trabajo explicándome las etapas y lo agradezco. Entiendo todo lo que dices teóricamente pero es difícil realmente comprender lo que es la autorrealización. He leído historias increíbles escritas por o sobre personas iluminadas pero me resulta difícil seguir el hilo de lo que dicen cuando describen el estado de despertar. Honestamente, suena muy vago. A riesgo de parecer tonta, me pregunto cuál es el incentivo para despertar.

—El incentivo es evitar el dolor y el sufrimiento. Cuanto mayor dolor, mayor el incentivo para librarse de él –replicó Henry.

—Buen punto. Buda dijo que la raíz de todo el sufrimiento es el apego a las cosas de este mundo ilusorio.

—No puedes comprender la conciencia, solo puedes conocerla –replicó Henry–. Sin embargo, si oyes o lees palabras de seres autorrealizados, ya sea en su presencia física o imaginaria, tu frecuencia vibracional aumenta. Esto acelera tu iluminación.

—Soy afortunada de haber estado con personas autorrealizadas muchas veces en mi vida. Aunque reconozco una presencia especial en cada una de ellas y sus dones particulares, hay una persona cuya mera energía me catapultó hacia un estado alterado. Su nombre era Franklin Merrell-Wolff. Lo conocí cuando yo tenía 30 y él 80. Nunca había leído nada escrito por o sobre él, así que el encuentro con él fue totalmente imprevisto y libre de expectativas. El hecho de estar en su presencia me llevó a un estado no físico en el que ni siquiera era necesario hablar. Estaba ante la Presencia. Desde esta experiencia supe que las personas autorrealizadas pueden catalizar a otros. Sin embargo, no permanecí en ese estado sino que volví a mi realidad física cotidiana luego de algunas horas.

—El despertar es un regalo de gracia que otorga el Infinito –dijo Henry–. Sucede espontáneamente. Incluso una personalidad no muy evolucionada puede iluminarse. Algunas personas, aunque no fue el caso del Dr. Wolff, puede incluso que tengan una personalidad tosca y estén iluminados.

—¿Estás diciendo que no te ganas la iluminación y que ninguna otra persona puede tampoco ponerte en un estado de iluminación?

—Así es –replicó con un tono humorístico–. Los seres con un nivel alto de conciencia pueden colocar a otras personas en estados de iluminación pero no suelen permanecer allí a menos que sea su destino. Pero puedes volverte una buena elección para la inteligencia universal mediante una combinación de devoción y fuerza de voluntad. Eres y siempre has sido una con la conciencia universal, seas consciente de ello o no. Cada pensamiento tiene una carga energética que es observable a nivel subcuántico. Confiar profundamente y entregarse al proceso transformacional reducen la fricción que causan los miedos que atrasan el despertar.

—Debo decir –interrumpí a Henry– que este proceso transformacional me resulta física, emocional y mentalmente agotador. ¿Es normal esto?

—Sí –replicó, no sin compasión–. Al contrario de lo que se suele creer, el camino se hace más difícil a medida que te acercas a la liberación de las ilusiones del ego. En las últimas encarnaciones físicas, todos los patrones kármicos que alguna vez tuviste vuelven a tu memoria para soltarlos. Si no haces esto, caerás otra vez en la rueda de la reencarnación. Cada vez que subes a un nivel mayor de conciencia, atraes la vibración opuesta como prueba para que la rechaces. La personificación de estas vibraciones opuestas son las tentaciones de Satanás que enfrentó Jesús y las tentaciones de Buda que le presentó el demonio Mara y sus tres hijas.

—Alto ahí –dije–. Hay algo de lo que me estoy dando cuenta que no puedo ignorar. Siento que hemos estado viendo al ego como si fuera la raíz de todos nuestros problemas. Pero si es una forma-pensamiento que se va a disolver cuando nos volvamos conscientes, ¿no hay entonces algo superior o algo más allá del ego que es la verdadera fuente de la ilusión y que, de hecho, creó al ego? ¿Es lo que Jesús llamó Satanás?

—Descubriste el tema central –respondió Henry.

—Entonces, ¿por qué rayos hablamos de esto recién ahora? –espeté, frustrada.

—Porque la respuesta a tu pregunta yace por fuera del reino del ego, y es mejor que la descubras por tu cuenta, tal como has hecho, en lugar de que yo la señale. Además, y esto es muy importante, todo el tema de Satanás tiende a dividir a las personas en dos grupos con ideas equivocadas. El primer grupo niega la fuerza del mal porque la considera imaginaria. El segundo grupo está tan aterrorizado ante esta fuerza que quisieran meterse en la cama, taparse con las sábanas y esperar que no los vean para no tener que lidiar con Satanás.

—¡Ya entiendo! El concepto que tenemos de la maldad personificada parece demasiado grande, y es demasiado difícil creer que una simple persona, a diferencia de Jesús o Buda, podría resistir una fuerza tan grande como la de Satanás, por eso hemos hablado exclusivamente acerca del ego.

—Así es –dijo Henry–. Sin embargo, debes usar tu libre albedrío para elegir mantenerte firme ante esta fuerza y, cada vez que lo haces, te acercas a la conciencia universal. A medida que te resistes a los encantos y a los deseos del ego, resistes esta fuerza dominante de la ilusión. Por esto, no hablamos de otra cosa más que de lo que era necesario.

—¡Bien! Sin embargo, me gustaría que nos enfoquemos por un momento en un tema incluso más amplio porque me pregunto si fueron los humanos quienes crearon esta gran fuerza que se opone a la conciencia universal y, de no ser así ¿cómo es que existe? –pregunté, ansiosa de profundizar.

—Ahora has descubierto la tercera razón por la que estaba posponiendo la conversación sobre Satanás o Mara, pero ahora es el momento justo y contestaré tu pregunta. La conciencia universal, Dios, el Creador, como hemos estado hablando, es la fuente de todo.

Interrumpí:

—¿Acaso estás insinuando que Dios creó lo que conocemos como la maldad que, a su vez, nos tentó para ser expulsados del Edén y de la unión con el Divino? ¿Por qué haría algo así el Creador siendo que nos llevó a vivir sumidos en la ilusión, el dolor y el sufrimiento?

—La respuesta es otra paradoja –replicó Henry, antes de continuar–, y las paradojas incluyen elementos contradictorios que dificultan su comprensión, a diferencia de la manera dual de pensar que existe en el mundo ilusorio centrado en el ego. Aunque el Creador es Infinito y Absoluto, también está evolucionando. En su estado evolutivo, este Gran Ser decidió crear universos y poblarlo con seres que, aunque fueran partes de sí mismo, pudieran disfrutar su propia individualidad. Para hacerlo, el Creador tuvo que proyectar sobre sus creaciones la ilusión de la separación, llamado maya o ilusión cósmica en Los Vedas. Esta ilusión cósmica fue creada para que los seres pudieran expresar su individualidad y su libre albedrío para convertirse también en creadores.

—Hasta ahora entiendo todo, pero ¿en qué parte entra Satanás? –pregunté con intriga.

—La fuerza inteligente cuyo trabajo es crear la separación de la conciencia universal es Satanás o Mara –replicó Henry.

—¿Y por qué eso sería un acto de maldad? Creo que hay algo que no entendí bien.

—Satanás, que era un arcángel, quedó atrapado en su propia ilusión y vio que si todo volvía a la conciencia universal, ya no podría existir, por lo que decidió perpetuar la ilusión de la separación. Por cada cualidad positiva que creó el Creador, Satanás creó una cualidad negativa. Sin embargo, su poder está limitado al mundo de la forma, por lo que si resistes las tentaciones de los reinos físicos, astrales y causales, te reúnes con la conciencia divina.

—Entonces, corrígeme si me equivoco. Satanás trabaja a través del ego para tentarnos a permanecer en el mundo ilusorio. El ego sería una herramienta a utilizar –dije, esperando que mi lógica fuera correcta.

—Exacto –replicó Henry.

—Tengo la sensación de que Satanás es el hijo pródigo de la Biblia, que abandona a su padre y, después de mucho dolor y dificultades buscando cerdos, que seríamos nosotros los humanos, retorna con su padre. ¿Estoy en lo cierto?

—Sí, y paradójicamente, Satanás es tanto la fuerza de resistencia en contra del Creador como parte del Creador. Mañana hablaremos más sobre las ilusiones que obstaculizan la conciencia porque creo que ya es suficiente por hoy. Recuerda que tú, igual que todos, ya estás autorrealizada, solo que no lo sabes. Pero ese es otro tema y lo dejaremos para mañana.

Con esta conversación, mi visión del ego había cambiado. Ya no era el GRAN villano que me perseguía y me impedía avanzar hacia la iluminación. Curiosamente, tampoco sentía que Satanás o Mara fueran los malos de la película. De alguna manera, todo parecía confirmar que el plan del Creador se estaba desarrollando exactamente como estaba destinado. Entendí que todo, ya fuera feo o lindo visto desde la perspectiva de los reinos inferiores, es una criatura del Creador. Entendí que el ego y que incluso Satanás juegan un rol en fortalecer el libre albedrío, que necesitamos para convertirnos totalmente en Creadores. Pude ver que estas dos fuerzas opuestas existen simultáneamente en el mundo ilusorio de la dualidad en donde todo está dividido en bueno y malo, pero que en los reinos superiores que están más allá de la forma todos mis dilemas se estaban resolviendo.

Esto no significaba que ya no tenía más trabajo que hacer. No fui tan naif, así que esperé ansiosa a continuar la conversación sobre los aspectos más elevados de la verdad y de los caminos que llevan desde la ilusión hacia la conciencia con Henry.

10

ELIMINA LAS ILUSIONES Y DESPIERTA

¡Venga, baila, venga, baila, venga, baila y déjate llevar!
— Lewis Carroll, *Alicia en el país de las maravillas*

A la mañana siguiente, antes de que Henry pudiera empezar a hablar sobre el nuevo tema, dije:

—La conversación que tuvimos ayer acerca del rol que cumple la ilusión cósmica como obstáculo en el camino hacia la conciencia hizo que me diera cuenta de que quería examinar los posibles caminos que nos podrían ayudar a atravesar esta ilusión. En el libro *La bendición original* de Matthew Fox, leí acerca de cuatro caminos hacia la conciencia y me gustaría revisarlos contigo para comprobar si estoy viendo con claridad las opciones que tengo. ¿Podríamos hacerlo?

—Por supuesto, me interesa saber qué opciones consideras y, en especial, cuál es tu camino principal –replicó.

—Lo que puedo asegurarte es que no estoy yendo por el camino fácil –dije, antes de continuar– El primer camino, Via Positiva, es muy poco frecuentado, en el cual las personas casi no atraviesan dolor físico ni psicológico y aun así se iluminan. La Via Positiva me recuerda el mito celta de la búsqueda del Santo Grial, que representa la conciencia universal. En esta leyenda, Galahad, uno de los personajes, encontró el Grial rápidamente y sin mayores dificultades. Todos quisiéramos poder ir por ese camino, ¿no? Creo que los que lo transitan saltean la noche oscura por completo.

»El segundo camino es la Via Negativa, por la que se alcanza la conciencia a través de un dolor físico o psicológico inmesurable. Este camino me recuerda a Eckhart Tolle, que a los 29 años trabajaba como supervisor de Cambridge y tenía impulsos suicidas hasta que un día perdió la conciencia física y luego despertó autorrealizado. Considerar el suicidio es claramente una noche oscura, así que me alegro de que este no sea mi camino.

»El tercer camino es la Via Creativa, que suele atraer a los poetas, a los músicos y a otros artistas. Este camino me atrae porque es como que permite jugar hasta conseguir un producto, que es más afín a mi mentalidad de comerciante. Sin embargo, sé que muchos artistas atraviesan experiencias desgarradoras y la noche oscura del alma para que nazca su arte.

—Esos son tres caminos en los que no estás, entonces ¿cuál es el tuyo? –preguntó Henry, codeándome.

—El principal camino en el que creo estar es el cuarto, Via Transformativa. Este es el camino de Percival en el mito celta de la búsqueda del Santo Grial. Percival tenía dones innatos (heredados de sus vidas pasadas). Gracias a su desarrollo espiritual, pudo encontrar el Grial a temprana edad. Sin embargo, como carecía de compasión, desapareció y pasó años en el Desierto peleando en incontables batallas (con su ego). Finalmente, lo venció su medio hermano negro (su sombra inconsciente) quien sí tenía compasión, por lo que no mató a Percival. Cuando el consciente (Percival) y el inconsciente (el medio hermano) se unen en compasión, encuentran el Grial (se unen al alma).

—El camino de la Via Transformativa es el más común –interpuso Henry–. Es el camino de la evolución, que es una espiral bastante predecible, con pequeños altibajos, que asciende gradualmente hacia la conciencia encarnación tras encarnación. El Desierto que encuentra Percival es una metáfora externa de la noche oscura del alma en la que pierdes de vista todo lo que antes tenía un significado intrínseco.

—Volviendo al mito –dije–. ¿Eres mi inconscinete, el medio hermano negro, que se une a mi estado consciente para ayudarme a unirme con el alma? Siento que cuanto más hablamos, más aparece esta pregunta en mi mente.

—Intentaré contestar tu pregunta pero limita demasiado mi función. Te encanta categorizarme a mí y a las cosas de la vida, pero hay cosas que no se pueden categorizar.

»Podríamos decir que represento el inconsciente que se reúne con el estado consciente. En ese sentido, uno de mis aspectos es lo que Carl Jung llama «la sombra». La sombra son los aspectos de tu personalidad que el ego no quiere que reconozcas porque no encajan en la identidad que desea perpetuar en ti. La mayor parte son aspectos que consideras negativos, como los celos, querer ser el centro de atención o querer ganar. Pero también soy los aspectos inconscientes más positivos y bellos que no estás preparada para reconocer por miedo a ser egoísta.

—¡Wow! Tienes razón. Di por sentado que mi inconsciente albergaba solamente mis aspectos negativos. ¿Las demás personas también suelen creer esto?

—¡Totalmente! –replicó Henry–. Tu ego no quiere que te fusiones con tu inconsciente porque cuando lo hagas, perderá el control sobre ti. Por esta razón es que hace que pienses que tus aspectos inconscientes son temibles y aterradores.

—Esa idea es increíblemente liberadora –respondí, agradecida.

—Ante cada avance de conciencia –continuó Henry–, desencadenas una reacción en el mundo astral que activa la energía opuesta. Por esto, Percival atrajo hacia sí a sus oponentes, que eran aspectos de su sombra. Por ejemplo, cuando tu energía se eleva a una vibración superior, puede que te vuelvas desafiante para otras personas, por lo cual puede que te despidan injustamente o que tu pareja o amigos te abandonen sin razón. Estas experiencias indeseables son oportunidades para liberar todos los apegos y para que puedas alcanzar una vibración más alta y así liberarte del control del ego. El inconsciente alberga un poder inmenso que hace que cuando te entregues a él (tal como hizo Percival con su medio hermano) te vuelvas auténtica y ya no te controlen los roles ni los valores de la sociedad. Yo mismo, tu espíritu del cuerpo, te estoy ayudando con esto.

»Ante todos esos desafíos, ten compasión por ti misma y por los demás, como la tuvo el medio hermano de Percival por él. De esta manera, el inconsciente se fusiona con el consciente y juntos se fusionan con el alma, el superconsciente.

Durante todas estas conversaciones con Henry, comenzó a emerger una pregunta: ¿Quién es? Quizás era mi ego queriendo definir e incluso adueñarse de él. Quizás, por el contrario, era mi alma, mi yo superior, que quería confiar en lo que él decía para continuar en el camino que había elegido hacía ya tantos años.

A pesar de arriesgarme a «etiquetarlo», le pregunté:

—¿Eres una construcción como el ego o el alma, o eres otro aspecto de la conciencia universal?

—Tú misma puedes determinar la respuesta correcta –contestó, entretenido.

—Tienes acceso a todos los recuerdos de mis vidas pasadas, así que eso deja afuera al ego, ni hablar de que estás ayudándome a eliminarlo. Nos queda el alma. Pero el alma, como ya hablamos, no es el último nivel de conciencia y, por lo tanto, es una construcción, como el ego. Entonces, volvemos a la misma pregunta. ¿Eres una construcción?

—Descifra tu propia respuesta –insistió.

—Te llamas elemental del cuerpo, inteligencia corporal o espíritu del cuerpo y dijiste que existes entre medio de mis encarnaciones físicas, donde te unes con todos los espíritus del cuerpo. Se que existes en el reino astral y causal porque construyes el cuerpo físico, astral (emocional), y causal (mental). No me agradan los misterios. Prefiero tener una respuesta.

—¿Ya examinaste todas las posibilidades? –preguntó Henry, para guiar mi razonamiento en otra dirección.

—Existe la conciencia universal, que se expresa en todas las formas, lo cual incluiría tanto al ego como al alma, y esta conciencia está presente luego de la muerte física. Aunque entiendo que la conciencia reside en ti, al igual que en las construcciones del ego y del alma, no se si eres únicamente conciencia. La conciencia universal también esta tanto en mi consciente como en mi subconsciente/sombra, de lo cual tú eres parte, tal como dijiste. ¡Estoy confundida!

—¿Qué parte de la conciencia toma forma física, emocional y mental? –preguntó, dándome un empujoncito.

—Me imagino que la conciencia que toma alguna forma es la inteligencia activa de la sabiduría. En muchas tradiciones, esta inteligencia que creó todas las formas en cada ser, en el planeta, en el sistema solar y en todo el universo se representa como la Madre Divina, que es el equivalente al Espíritu Santo en la tradición cristiana. ¿Estas diciendo que eso es lo que eres? –pregunté ansiosa.

—Pregúntate: ¿Por qué esta posibilidad causa ansiedad?

No quise contestar su pregunta, entonces le rebatí:

—Si eres la Madre Divina, ¿por qué no te llamas Henrietta o Sally?

—Me gusta bastante el nombre Henry y, además, ¿por qué crees que la Madre tiene que ser femenina? Esa visión es limitada. La inteligencia activa no es femenina ni masculina. Abarca ambos aspectos. Elegí el nombre Henry en lugar de un nombre femenino para sacarte de uno de tus paradigmas antiguos.

—Me preguntaste porqué pensar que eres la Madre Divina me causaba ansiedad y ahora ya sabemos la respuesta. Si ese fuera el caso, yo me sentiría poco valiosa, inadecuada y presionada a tomar lo que dices *muy* seriamente. Además, como mi escucha está influenciada en parte por el ego, podría equivocarme y guiar en la dirección incorrecta tanto a otras personas como a mí misma.

—Espero que te des cuenta de que tus sentimientos surgen de las dudas del ego y de otros programas antiguos –afirmó Henry–. Es importante examinar lo que te ocurre a ti porque es un problema común a muchas personas. Existe una diferencia de vibración cuando dices «conciencia universal» o «inteligencia activa» y «Espíritu Santo» o «Divina Madre». Tu apego a la forma-pensamiento espiritual hace que pongas en un pedestal inalcanzable al Espíritu Santo o Divina Madre. Por el contrario, los términos conciencia universal o inteligencia activa no tienen el mismo efecto sobre ti porque los asocias más a la mente y a la ciencia. Quiero que quede claro que lo importante no son las palabras que uses, sino los sentimientos que tienes por esas palabras. El Espíritu Santo, la Divina Madre, la Conciencia Crística, la Conciencia Universal, ya sea con o sin forma, y podría seguir dando sinónimos, son UNO. Debes sentir esto en el corazón, en la mente y en todas las células del cuerpo.

—Siempre sentí una conexión con el Espíritu –respondí, mientras reflexionaba sobre lo ciertas que eran sus palabras–. Quizás por las experiencias místicas que tuve desde la niñez. De hecho, mi primer contacto con el Infinito fue mediante el Espíritu. El segundo fue mediante Cristo y desde ese momento comencé a abrir mi corazón a la Divina Madre. Me cuesta sentir algo por el Divino Padre.

—La visión que tienen las personas sobre los distintos aspectos del Infinito evoluciona junto con ellas –interrumpió Henry–. Aunque todos los aspectos son Uno, algunas personas se sienten más cómodas con la idea de un Dios masculino, como Jehová. Otras con el aspecto de la Divina Madre, y algunas con el niño Jesús. Y hay quienes se sienten más cómodos con el aspecto amorfo del Infinito, como el dios Brahma de la religión Hindú.

—Concuerdo con todo lo que dices, pero ¿podemos volver al tema de definir qué es la inteligencia corporal exactamente? –pregunté, ya que no quería perder la oportunidad de definirlo.

—La inteligencia corporal es conciencia que tomó forma. Por eso suelo hablar de mí mismo como elemental del cuerpo, y es que estoy compuesto de elementos del mundo físico de la forma. La conciencia universal, en su aspecto de Divina Madre, que es lo mismo que el Espíritu Santo, crea todas las formas en todos los mundos y universos. Considérame el Espíritu que crea tus cuerpos. Soy el espíritu del cuerpo, que es sinónimo con inteligencia activa de la conciencia universal.

—Anteriormente dijiste que, cuando formaste mi cuerpo para mi primera encarnación, no tenías libre albedrío y lo desarrollaste a medida que evolucioné. Si eres el equivalente del Espíritu o de la Divina Madre, ¿cómo podrías tú, un ser divino, no haber tenido libre albedrío? –pregunté, ya que no estaba lista para aceptar su revelación.

—El espíritu pierde la memoria al tomar forma. Hasta el alma se adormece a medida que desciende al reino de la materia y entra en la personalidad. Esto está simbolizado en la historia de la caída de Adán y Eva, que fueron expulsados del Edén, el estado de unión con la conciencia, debido a sus acciones. Cuando el alma se deshace del ego y asciende de vuelta, tanto tú como yo recordamos quiénes somos. Para ti y para la mayoría de las personas, este proceso de recordar es gradual.

En este punto Henry hizo una pausa para darme un momento para reflexionar sobre todo lo que había dicho.

—Quiero que hablemos de las principales ilusiones que separan a los humanos de la conciencia universal pero, antes de eso, quiero preguntarte si ya tienes una idea clara de quién soy y de qué hago.

—Admito que a pesar de que me hayas dado pistas sobre quién y qué realmente eres a lo largo de nuestras conversaciones, siempre sentí que el Espíritu Santo y mi inteligencia corporal son cosas distintas. Para mí el Espíritu era un aspecto de la conciencia que me daba felicidad y me sacaba del cuerpo físico, y que mi inteligencia corporal era un ser inferior que podría programar para incrementar mi salud física.

—Ah. Una especie de esclavo –replicó Henry–. Esta visión egocéntrica hizo que los humanos desearan controlar y utilizar el mundo natural porque consideran que la naturaleza es diferente e inferior en valor al Espíritu.

—Espera. Me siento falsamente acusada. Por años enseñé que la naturaleza y el Espíritu son uno. Para mí el problema no es comprender que la naturaleza y el Espíritu son uno sino que yo y la naturaleza somos una. Siempre pensé que la naturaleza esta allá afuera en el exterior y no aquí dentro de mi cuerpo físico, emocional y mental. De alguna manera, me mantuve separada de la naturaleza.

—El ego crea esta separación porque se considera una entidad separada –dijo Henry–. Esta es la principal ilusión a disolver. Todo lo que hemos hablado hasta ahora nos lleva a esta ilusión. Recuerda, lo humanos originalmente eligieron separarse de la conciencia e individualizarse, y así se creó el ego. El ego vive en la herida central del cuerpo. Esta herida es el sentimiento de separación, de abandono o de no ser amados, que es el principal problema para la mayoría de la gente. La Fuente Eterna no creó esta herida, los humanos la crearon. El ego, el yo falso, es la ilusión principal que crea todas las otras ilusiones.

—Se me está terminando la paciencia –exclamé–. Trabajé en todo lo que me sugeriste, en eliminar mis miedos, en sanar guiones de vida pasados, en corregir creencias negativas e incluso en practicar cualidades positivas para promover la conciencia. Y mantuve una actitud neutro-positiva durante todo ese tiempo. Y ahora dices que FINALMENTE nos estamos acercando al problema principal. Me siento frustrada y exhausta por no llegar nunca al final de este viaje eterno hacia la autorrealización.

—Espero que te des cuenta de que el que está hablando es tu ego –respondió Henry sin un ápice de lástima–. Se está poniendo cada vez más ansioso debido a tu progreso y está sacando la artillería pesada. Deberíamos haber hablado de la paciencia como una cualidad positiva. Creo que la pasamos por alto.

Me quedé en silencio e intenté recobrar el equilibrio.

—Transitar la noche oscura es un proceso muy doloroso si te identificas con el ego. Sientes como si te desconectaran de los demás, de la Fuente Eterna y de tu yo interior. Ya no sabes en qué creer o qué hacer. Aunque esta etapa del camino espiritual se sienta vacía, es progreso. Cuanto menos te aferres a tu identidad, que es el ego, más fácilmente se transita. Estás lista para dejar atrás los valores egocéntricos y estás atravesando una transformación para convertirte en un humano autorrealizado. Este es el siguiente paso en tu evolución y actualmente hay muchas personas que atraviesan este mismo proceso. Este camino lleva a unirse con todas las formas de vida.

—Los humanos autorrealizados –continuó Henry– no experimentan ninguna sensación de separación de los seres, ya sean animales, plantas o minerales. Usan el vehículo de la personalidad para trabajar en el mundo y cumplir el propósito del Espíritu, pero no tienen objetivos personales. Dicho esto, puede que tengan preferencias, pero sin apego. Además, en estados elevados pueden perder incluso esas preferencias. Mediante la conciencia, las personas autorrealizadas atraen hacia sí mismas las circunstancias y las personas que los guiarán hacia el cumplimiento del propósito del Espíritu.

—Entiendo todo lo que dices –concordé–. Me convenciste de que estar separada de la Fuente Eterna y apegada a mi identidad es el problema central. Sin embargo, cuando tienes un gran problema, como es el ego, descubrí que lo mejor es lidiar con él por partes. Entonces, ¿podrías mencionar algunas ilusiones más pequeñas que crea el ego y que todavía tengo que eliminar? Intento eliminar cualquier ilusión que encuentre, pero tal vez se me escapó alguna.

—Hablaré de las ilusiones principales, pero creer que son falsas en teoría no es suficiente, debes actuar en consecuencia para eliminarlas de tu vida cotidiana. Aquí van. No puedes adueñarte de nada. Esto incluye, pero no se limita al dinero, las posesiones, los hijos, los cónyuges, las mascotas. Cualquier sensación de apego a ellos se basa en un sentimiento de posesión. ¿Cómo crees que te encuentras en este sentido?

—Hay mucho por mejorar –respondí–, pero esto me resulta particularmente desafiante.

—La segunda ilusión es que todos los sentidos, incluído el gusto, el tacto, el oído, el olfato y la vista, dan una descripción precisa de lo que es real. Y que aplacarlos te dará felicidad. ¿Algún comentario?

—Sí, que hablar contigo como mínimo triplicó la cantidad de tiempo que me paso pensando en cómo aplacar mis sentidos. Nuestras conversaciones le provocan muchísima ansiedad a mi ego, por lo que me da visiones de estar comiendo chocolate, de tomar siestas y muchas otras cosas. Intento silenciar esos deseos porque se que no me otorgan una felicidad real.

—Intentar distanciarte de los sentidos hace que el ego sienta que está a punto de morir, entra en pánico –replicó Henry–. Utiliza tu fuerza de voluntad para resistir esos impulsos y observa cuánta fuerza usa para crear esos impulsos en ti. Y esto me conduce a la siguiente ilusión.

»No alcanzas la iluminación siendo buena. La Conciencia no conoce el concepto de ser justo o de ganar recompensas. La Conciencia está más allá de las definiciones de bueno y malo, y te pide que vayas más allá de ellas también.

—Destruir esa ilusión es difícil para mí –comenté–. En mi infancia siempre fui una niña «buena» para mantenerme a salvo y ser querida por mis padres. Este buen comportamiento continuó en mi vida adulta y me trajo muchas recompensas. Le caí siempre bien a las personas y tuve éxito. Entonces, hay algo dentro de mí que todavía cree que si soy «buena» trabajando duro y poniendo en práctica todas las técnicas que me recomiendas, me autorrealizaré.

—La solución –interpuso– es hacer lo que recomiendo por su beneficio intrínseco sin ninguna expectativa de una recompensa futura.

—En realidad –respondí–, cuanto más vivo en el presente y solo trabajo cuando quiero, y hago lo que siento en el momento, menos me preocupa obtener una recompensa futura, incluso la iluminación. Gracias por el recordatorio. Lo necesitaba.

—Ahora quiero que hablemos sobre una ilusión más difícil para las personas espirituales. La mente pensante, como es parte del ego, no puede conocer la realidad. Crea su propia versión de la realidad. Por ejemplo, los humanos crearon imágenes y jerarquías de ángeles, dioses y diosas con apariencia humana que representan la conciencia. La conciencia no es individual.

—Pero en el mundo de la forma cada uno de esos seres existen individualmente, ¿no?

—En el mundo de la forma, sí. Pero, en definitiva, cualquier creencia en una forma, incluso en las de naturaleza espiritual, es errónea. Debes abandonar el cuerpo físico, emocional y mental que construí para ti, y también tu identidad, que son todas ilusiones. Así es como el Espíritu se libera del mundo de la forma.

—Honestamente, la autorrealización no suena muy atrayente –dije, con la esperanza de poder ir al sillón a tomar una siesta.

—Claro, eso piensa el ego –contestó Henry, divertido–. Hemos revisado las ilusiones, ahora hablemos de lo que es real. La conciencia no depende del tiempo ni del espacio. No existe un aquí, allí, pasado o futuro. Todo existe ahora. Se puede cambiar de estado de conciencia, tal como el hielo, el agua y el vapor son distintos cambios de estado, pero los componentes son los mismos. La conciencia se vuelve más sutil en estados más elevados, y expandir constantemente la conciencia conlleva soltar el estado anterior e inferior.

—¿Cuál es la mejor manera de alcanzar esas frecuencias más altas y sutiles? –pregunté.

—La meditación ayuda a crear más espacio interior entre los pensamientos, los sentimientos y las acciones. Este espacio interior, que es como una larga pausa, desarma al ego porque evita que reciba energía.

—Tengo momentos en los que estoy en blanco, como la pausa que describes, y no solo mientras medito sino durante el día. Puede que este caminando en la naturaleza, tomando una ducha o descansando. En esos momentos me vienen muchas inspiraciones.

—Genial. Durante esos momentos en blanco estás unida a la conciencia. Cuanto más medites, más fortalecerás tu ser.

—¿Cuál es la mejor manera de meditar?

—Existen muchas técnicas. La meditación Zen o Vipassana ayudan a aumentar el espacio interior y el ser. Pero me gustaría recomendarte algo para agregar independientemente de la técnica de meditación que uses. Medita con devoción y amor hacia todos los seres, y pide asistencia a los avatares espirituales, ya sea a Cristo, Buda, la Divina Madre, el Arcángel San Miguel o a tu maestro espiritual encarnado, si esta persona está autorrealizada. Estos seres son uno con la conciencia universal. Por ejemplo, Jesús existió en el mundo físico y estaba unido a la conciencia como Cristo. El Cristo es un título que se le da a las personas que hayan alcanzado un elevado nivel de conciencia y existen muchos Cristos, como Krishna, Tara, Mahavatar Babaji y Buda. Al orar con devoción a los grandes avatares que son seres Crísticos, atraes su energía hacia tí para transmutar tus energías más bajas. Este es uno de los poderes de la meditación y la oración.

—Entiendo la importancia de la meditación. Sin embargo, ¿podríamos examinar algunas otras estrategias que utilicé para eliminar el ego y sus ilusiones? –pregunté.

—¡Claro, adelante! –respondió Henry.

—Una de mis grandes ilusiones es que tengo que ganarme el amor y que la manera de hacerlo es ser buena y perfecta. Deseo deshacerme de esta ilusión porque creo en mi corazón que el Infinito me ama incondicionalmente y que está bien cometer errores. Entonces, cuando no me comporto de la mejor manera, tomo medidas para perdonarme. Por ejemplo, me recuerdo que no soy perfecta pero que estoy progresando, y eso ayuda a eliminar sentimientos de culpa o decepción de mí misma. A veces, admito mi error ante otros y les pido perdón. En ciertas ocasiones, bromeo acerca de mis faltas y las señalo, incluso si nadie las había notado. Esas estrategias disminuyen, e incluso neutralizan, mi apego a ser buena o perfecta.

—¿Esas conductas funcionan?

—Pensé que tú me lo dirías, pero si me lo preguntas, sí, funcionan –repliqué.

—¿Cómo evalúas tu progreso?

—Me perdono más rápida y fácilmente si no llego a ser perfecta. De esta manera, mi energía y autoestima aumentan. Además, noté un progreso en situaciones que anteriormente me habrían desencadenado reacciones negativas. Ahora tengo más paciencia con los demás y conmigo misma ya que no siento que ellos o que yo debo ser perfecta. Aprendí a aceptar incluso situaciones difíciles como oportunidades para crecer. Me amo más.

—A las personas les suele resultar más fácil amar y perdonar a otros que a sí mismas.

—Ese es mi caso definitivamente, y he descubierto razones por las cuales no me amo del todo y cómo sucedió. Hace unos días hablamos sobre los guiones familiares. Además, descubrí que es útil analizar las historias que cuento sobre mi misma en público y las que me cuento a mí misma. Las cambié, y el enfoque pasó de ser sobre lo injustamente que fui tratada a ser sobre aceptar «lo que es» y sobre señalar los resultados positivos que surgen de esas situaciones. Siento que de esta forma elimino los guiones negativos y autolimitantes.

—Tus ideas son excelentes y sugiero otro ejercicio. Haz una lista de todas las razones por las que te aman. Esto te ayudará a enfocarte en lo positivo y a aceptar todo el amor que recibes. Así se eliminará tu ilusión de que no eres amada incondicionalmente.

—Wow, nunca se me ocurrió hacer esto –respondí–. Ahora veo que, si solo me enfoco en eliminar lo negativo, no me abro a recibir todo el amor que el universo quiere darme. Por ejemplo, podría estar rechazando a personas que me aman.

—La tendencia a eliminar lo negativo sin agregar lo positivo se debe a una falta de autoestima. Este comportamiento es muy común. Es parte de la forma-pensamiento humana colectiva que surge de separarse del eterno amor de la conciencia universal.

—Al escuchar tus palabras, percibo otra forma de autosabotaje, que es no pedir lo que realmente deseo. Esto surge de la sensación de que no merezco lo mejor y de que, si tengo más, quizás otro tenga menos. De esta manera, el ego crea dolor porque nunca recibo lo que quiero. Esto sucede debido a la mentalidad de carencia, ¿no?

—Buen razonamiento –dijo Henry–. Y para corregirlo, recomiendo orar y afirmar lo que sería la mejor situación posible para ti. Entonces, suelta totalmente el apego a recibir lo que pediste para que el universo pueda decidir qué es mejor.

—La sola idea de pedir lo que realmente deseo me provoca ansiedad. Este pensamiento dispara mi miedo a la decepción de no recibirlo que, a su vez, confirmaría que no me aman «lo suficiente». Para mi es más fácil permanecer en un estado neutro de no apego que a mantenerme abierta a la abundancia ilimitada. Obviamente, sería bueno poner en práctica tu consejo inmediatamente.

—Hablando de amarte a ti misma, este tema es ENORME así que continuaremos mañana. Cambio y fuera.

Algo se relajó en lo profundo de mi interior al saber que Henry, o quizá debería decir Henrietta o la Divina Madre, era el Espíritu Santo. Considerarlo un espíritu del cuerpo era reconfortante e inspirador al mismo tiempo. Me sentí mucho más acogida y amada incondicionalmente. Reflexioné sobre lo que Henry me había dicho e hice una lista de todas las maneras en las que recibí amor. La lista fue mucho más allá de las personas e incluyó una profunda gratitud por toda mi vida. Amaba mi trabajo, mi salud, la belleza de la naturaleza e incluso las situaciones difíciles que me dieron oportunidades de crecer y que agradecí mucho. Mediante estos ejemplos y muchos otros, sentí el amor del universo y me sentí alineada con él. La sensación de tener más o menos y la decepción de no haber hecho o recibido ciertas cosas ya no me molestaban como lo hacían antes. Me sentí calma y satisfecha. El hacer y el ser se fusionaron, y se desvaneció la presión por terminar proyectos para dejarme espacio para disfrutar el viaje.

11

EL AMOR SANA TU HERIDA MÁS PROFUNDA

No espero nada de los demás, por lo que sus acciones no pueden oponerse a mis deseos

—SWAMI SRI YUKTESWAR, citado por
Paramahansa Yogananda en *Autobiografía de un Yogui*

Pasaron días hasta que estuve lista para hablar otra vez con Henry, ya que pasé ese tiempo en un pacífico vaivén entre ser y hacer.

—¿Has notado que debajo de esta calma sigue habiendo ansiedad? –preguntó Henry, haciendo a un lado mi progreso.

—Sí, pero no le presto atención y me concentro en el estado positivo únicamente –repliqué.

—Esa ansiedad subyacente es la creciente preocupación del ego porque está perdiendo el control.

—Lo sé, y por eso no reconozco su ansiedad. Se que no soy esa ansiedad, así que me relajo en el amor y en la paz que me dan la conciencia universal.

—Sabia decisión –respondió–. Cuanto más cultives el amor y la paz, más fuerte te volverás, hasta que ese sea tu estado permanente. Para pasar de vivir una vida basada en el miedo a una basada en el amor, es necesario amarlo todo porque todo es un aspecto del Uno.

—Me diste un ejercicio que he estado practicando –dije, esperando algún comentario de su parte–. Era pedir algo que me gustaría tener y permanecer neutra con respecto a si lo recibiría o no. Noté que, con esta actitud, lo deseos no cumplidos me molestaban mucho menos o nada en absoluto.

—¿Practicaste pedir algo que realmente deseas? Recuerdo que eso suele ser difícil para ti.

—Visualicé algo que deseo mucho tener unas cuantas veces –respondí–. Me cuesta hacerlo porque me pregunto si tenerlo es lo mejor para mí. Seguramente la inteligencia universal sabe lo que es mejor para mí, entonces ¿no debería aceptar lo que se me da? Tengo la sensación de que se me está escapando algo entre estos pensamientos conflictivos, pero no se qué es.

—Estás atrapada entre una ley espiritual y un guión de vida autolimitante –dijo Henry–. Es comun que las personas orientadas hacia lo espiritual se hagan esto a sí mismas. El guión autolimitante es una versión de la mentalidad de carencia: no puedes tener todo lo que quieres, y pedirlo es codicioso, y eso no es espiritual. Es verdad que el Infinito sabe lo que es mejor para ti, pero como tienes libre albedrío, quiere que lo pidas. Cuando pides lo que deseas, va a decidir qué, cómo y cuándo dártelo. No pedir es un problema y sentir que no lo mereces va a socavar tu pedido, al igual que cualquier pensamiento negativo.

—¿Entonces me recomiendas que confíe en que mis pedidos son para el mayor bien para mí y para todas las personas?

—Recuerda –replicó– que el Infinito es sinónimo de amor ilimitado. Así como los padres quieren darles todo a sus hijos para que sean felices, el Infinito desea lo mismo para sus hijos. Pide lo que crees que tu alma desea para tu personalidad; sin embargo, tu principal prioridad, por encima de todo lo demás, debe ser unirte con el Infinito. No desde la perspectiva del ego, como algo a alcanzar, sino como el anhelo del alma de volver a reunirse con el Infinito.

—¿Puede ser que este anhelo del alma provenga de un saber interior de que originalmente estaba unida a la conciencia y que era el estado más maravilloso de amor absoluto y que inevitablemente volveré a este estado?

—Esta actitud va a colaborar con tu progreso. Sin embargo, no olvides que el ego quiere adueñarse de esta creencia y hará que no tengas ganas de ir en busca de esta unión. Es esencial que mantengas una actitud humilde y que sepas que estás entrando en un terreno desconocido en donde entregarte es la única opción. Debes comprometerte una y otra vez con este proceso.

—Cuanto más suelto el control, más expandida y relajada me siento, y más aumenta mi tolerancia y mi paciencia hacia mí misma y hacia los demás.

—Llegarás a un punto –dijo Henry– en donde no haces juicios y las palabras desaparecen.

—Ya experimento la desaparición de palabras pero lo atribuí a la edad o a la consecuencia de una contusión que tuve hace algunos años. E incluso antes, cuando era joven, y durante varios años, pasé por períodos en blanco en donde no se me ocurrían pensamientos ni palabras.

—Los pensamientos y las palabras desaparecen cuando abandonas el reino mental, que está bajo el control del ego. Estos períodos en blanco y la incapacidad de encontrar las palabras son estados de transición que pasarán. Después de la autorrealización, ya no necesitarás palabras, a menos que tu destino sea seguir necesitándolas.

—Noté que mi estilo de enseñanza cambió. Antes, organizaba mis clases en programas e investigaba sobre las charlas y talleres que iba a dar para estar totalmente preparada. Entonces, cuando empezaba a enseñar, flexibilizaba el programa y lo adaptaba a las personas y situaciones que surgían. Al llevar adelante las clases de esta manera, me parecía que mantenía un buen equilibrio entre pensar y sentir, entre la sabiduría y el amor. Ahora, casi que me niego a hacer programas. En lugar de eso, antes de dar una conferencia, le pido asistencia al Espíritu Santo para que abra mi corazón para poder darle a las personas lo que necesitan. Al hacerlo, siento un inmenso amor que irradia mi corazón y las palabras necesarias fluyen sin esfuerzo. Las personas han respondido bien, así que continué con esta práctica. Sin embargo, confieso que surge una ligera preocupación por fracasar a medida que aumenta el número de oyentes.

—¿Enfrentas el miedo y dejas las ayudas de memoria incluso cuando hay grandes cantidades de oyentes? –preguntó, para ayudarme a profundizar y encontrar la raíz de mi problema.

—Creo que es el mismo problema que ya me diagnosticaste. Confío en mi corazón y en el universo cuando la cantidad de personas es pequeña o mediana (alrededor de 200). Sin embargo, con grandes cantidades (1000 por ejemplo), prefiero apoyarme en las ayudas de memoria. Esto es una forma de autolimitarme o de poca confianza en el universo, ¿no?

—¡Sí! Me encantaría darte algunas sugerencias, ¿estás lista? –preguntó Henry. Percibió mi aprobación y procedió–. Tú, según el día, te resistes a entregar entre el 5% y el 15% de lo que conoces como «tú misma» a la omnipresente Fuente Eterna, que es todo amor. Sabes que la entrega es necesaria, pero no recuerdas la herida que la vuelve complicada. La herida central y original es la separación de la Fuente Eterna que los humanos eligieron por sí mismos. Los síntomas de esta herida se manifiestan de distintas maneras en cada persona, por ejemplo con el miedo al abandono, al fracaso, al cambio, a lo desconocido, etc. Todos tienen una herida central que protegen pero que, en definitiva, deben exponer para que sane.

—Apenas mencionaste la herida olvidada–respondí–, me vi en tres situaciones diferentes en las que me empujaban en contra de mi voluntad hacia el foco de atención público y olvidaba el discurso que debía dar. Olvidar las palabras fue el síntoma de una creencia subyacente de que, como no era perfecta, fracasaría y todos me rechazarían. Creo que así fue como se manifestó mi herida central, y cada vez que olvidé las palabras que debía decir fue en frente de más personas.

»La tercera vez que ocurrió tenía dieciocho años, apenas había empezado la universidad y el decano de Victoria College de la Universidad de Toronto me pidió que acompañara al Doctor Northrop Frye, uno de los críticos literarios más grandes del mundo, a darles la bienvenida a los estudiantes de primer año. Rechazarlo era imposible, a pesar de mi inmenso miedo, porque dar el discurso era la condición que me había puesto el decano para poder hacer la residencia, ya que mis notas no eran suficientes.

»Ensayé el discurso que el decano quería que diera hasta que llegó el día. El Doctor Frye, su esposa y yo estábamos comiendo el almuerzo previo a la ceremonia y él era tan introvertido que le costaba hablar con una adolescente. Me encontré iniciando temas de conversación para que se pusiera cómodo. Esta situación me dio la agradable sensación de que si este extraordinario, aunque tímido, hombre puede hablar en frente de tantas personas, seguramente yo también. ¿Y me fue bien? Pues no. Olvidé el discurso del decano, por lo que el patrón de no poder recordar las palabras de otras personas no cambió, pero en ese momento, hablé desde el corazón y las palabras fluyeron. Esa fue la primera vez que aprendí a confiar en que el universo me daría las palabras destinadas a ser dichas.

—¿Y no es eso lo que dijiste que haces actualmente? ¿En qué se diferencia de lo anterior? –preguntó.

—Ahora me controlo mejor en una crisis en la que no tengo tiempo para censurarme. Si estoy totalmente fuera de mi zona de comodidad sin ningún tipo de apoyo, me entrego y hago lo mejor que puedo, que significa ser quien realmente soy, mi yo auténtico, quizás incluso mi alma. Sin embargo, cuando me piden hablar como experta en determinado tema, tiendo a ser más mental y hablar desde lo que se, y no desde lo que soy.

—¿Has notado cambios interiores?

—Cuanto más amorosa soy con otros, más lo soy conmigo misma. Cuando me encuentro en situaciones nuevas, tengo muy poca ansiedad porque confío en que ocurrirá lo mejor para todos. Esto puede suceder en mi trabajo, que es enseñar y escribir, pero también en áreas internas heridas y temerosas de las que solo tú y yo sabemos. Se siente como si las nubes, los miasmas, se estuvieran disipando y solo quedaran pegadas a mí las briznas de los patrones antiguos y guiones erróneos.

—No exageras al describir lo que está sucediendo. Tiendes a minimizar tu progreso porque no quieres ser orgullosa. No se debe minimizar y exagerar el progreso personal. Tu brújula interior está alineada con el objetivo final, que te atrae hacia él tanto como tú lo anhelas. ¡Anhela más!

—Me haces reír. Me vino a la cabeza otra historia. ¿Puedo?

Henry me dio un empujoncito interno de aprobación.

—A veces siento que me falta devoción. Hace un año, me preguntaba cómo ser más devota, así que le pregunté esto a una gurú iluminada que es amiga mía. A Prajnaparamita le divirtió esta pregunta y me dijo «Eres devota. Mira toda la dedicación que has puesto durante 20 años en el Instituto Internacional para la Transformación que fundaste.»

»Su comentario me tomó por sorpresa y le respondí: «Para mí la devoción es una cualidad yin, más suave y flexible de lo que soy. Quiero ser más yin y más devota en ese sentido». «Un maestro espiritual empuña una espada y una flor», respondió Prajnaparamita.

»Que ella redefiniera la «devoción» me ayudó a eliminar el juicio de que me falta algo. Podía seguir teniendo el objetivo de ser más yin sin sentir que me faltaba devoción. Estaba reflexionando sobre la diferencia entre ser yin y ser devota cuando Henry interrumpió mi trance.

—La devoción alimenta el alma. Como amas a la Fuente Eterna, amas a todos los seres que crea y te amas a ti misma como amas a los demás. La clave de la autorrealización es el amor incondicional.

—Tu comentario me recuerda –repliqué– algo más que ocurrió recientemente que destruyó mi autoimagen anterior. Durante años, tuve el objetivo de ser más afectuosa con todas las personas y en cualquier situación. Durante mi fiesta de cumpleaños de este año, el universo me reflejó el juicio que tengo sobre mí misma de que no soy lo suficientemente afectuosa. El organizador de la fiesta invitó a mis amigos y alumnos, que me conocen en todas las áreas de la vida, a compartir lo que más les gustaba de mí. Estaba lista para escucharlos hablar sobre mi dedicación a servir, mi sabiduría y mi buen sentido del humor, pero cada uno de los presentes, sin excepción, comentó cuán afectuosa era. Mi antiguo juicio se destruyó al darme cuenta de que yo era amor y que ya no tenía que probarlo. Fue un momento hermoso que fortaleció mi amor propio desde entonces.

Al hablar de ese momento tan emotivo, el amor me inundó otra vez y Henry me dio tiempo para sentirlo antes de hablar.

—Cuando sientes amor, aprecio, compasión y gratitud, se liberan endorfinas que inundan todo tu cerebro y tu cuerpo y te producen felicidad. El amor incondicional aumenta el amor tanto por uno mismo como por los demás porque no esperas nada de ellos ni necesitas nada para ti misma. El ego está desarmado y las formas-pensamiento negativas se desvanecen.

—Noté que cuanto más amorosa soy, menos ansiedad tengo, incluso si las circunstancias a las que me enfrento son más dificultosas. Siento que es una bendición estar fluyendo en la corriente de la conciencia. No me he fusionado con ella todavía pero siento, cada vez con más facilidad, que la cáscara del ego se está disolviendo.

—El amor y los sentimientos positivos estiran y relajan literalmente las cadenas de ADN –comentó Henry–. Por el contrario, los sentimientos de miedo, frustración, celos y enojo las contraen y te vuelven susceptible ante las afecciones y enfermedades. El ADN responde ante tu actitud y predisposición ante los desafíos de la vida diaria, y así tu energía sube o baja según las elecciones que haces. Uno interpreta lo que ocurre en una fracción de segundo. Si mantienes una actitud neutro-positiva, no te molestarán los altibajos. Como resultado, los pensamientos y sentimientos que tengas no van a provocar la liberación de hormonas del estrés. En cambio, podré mantener tus emociones y tu sistema endocrino estable y saludable.

Empecé a hablar, pero Henry me detuvo.

—Déjame continuar. Tu vida interna y externa están unidas en un bucle que se retroalimenta. Cuanto más calma, pacífica y amorosa sea tu vida interior (que, por cierto, lo facilita la meditación) más reflejará esas cualidades tu vida exterior y viceversa. Se necesita fuerza de voluntad y perseverancia para estabilizar las emociones y que el ego no te controle con subidones de adrenalina provocados por emociones negativas. De esta manera, podré sanar tus glándulas suprarrenales y el sistema corporal.

—Tus recomendaciones son geniales para la mayor parte de las situaciones –comenté–. Sin embargo, a veces nos encontramos en una situación muy difícil en la que no podemos encontrar nada positivo sin importar lo que hagamos.

—Si no puedes entrar en un estado pacífico y amoroso cambiando tus pensamientos, entonces, en lugar de permanecer en un estado negativo, eleva tus endorfinas con un paseo por la naturaleza, ejercicio, un momento de descanso o visita a amigos alegres. Despeja tu mente del problema y vuelve a él más tarde, cuando sepas cómo solucionarlo o, si no es posible, acepta la situación.

—¿Es posible que me apegue a ser amorosa? –Pregunté–. ¿No intentaría hacer algo así el ego?

—El ego hará lo que sea para aumentar le sensación de «yo» y «mío». La clave para volverse amoroso incondicionalmente es no necesitar reconocimiento de parte de otras personas por tus actos amorosos o generosos, ya que ese sentimiento crea apego. En cambio, deja que el amor fluya a través de todo lo que haces, para que puedas *ser* amor. Entrega todo al Infinito y, cuando lo hagas, la compasión crecerá y fluirá a través de ti y las sincronicidades, la alegría, la paz y la felicidad interior abundarán.

—¿Hay algo más en lo que deba enfocarme durante el viaje de vuelta a la conciencia? –pregunté.

—Las cualidades que están infra o superdesarrolladas son distintas en cada persona y dependen de la vibración que crea cada persona con sus pensamientos –respondió Henry.

—¿Podrías mencionar algunas? Me serviría mucho reflexionar sobre mi progreso en este sentido para saber qué debería evitar o practicar en el futuro.

Hizo una pausa antes de contestar, como si estuviera pensando bien qué respuesta sería la mejor.

—Ya hemos hablado de esto antes –dijo finalmente–. Uno de los trucos del ego es hacer que quieras más información, como si el despertar fuera un enigma que resolver, pero nunca tendrás todas las piezas. En algún punto, tienes que bajarte del carrusel mental y decir basta. Es mejor contemplar lo que hemos hablado hoy.

Durante varios días después de esta conversación, reflexioné acerca del amor y de aquellas áreas que seguían sombrías, y al mismo tiempo celebré haber progresado en la cualidad del amor. Sentia que era más amable conmigo misma y no me culpaba o castigaba por cometer errores. Mientras tanto, creció mi compromiso con la conciencia universal que, a su vez, me llevó a experimentar una mayor felicidad. Mis roles y responsabilidades ya no estaban atadas a ningún «deber ser» y fluían mientras que yo vivía auténticamente.

Observé que el presente se alargó a medida que vivía más conscientemente en él, y cada vez deseaba más vivir en él. Al hacerlo, disminuyeron antiguas ansiedades y maneras de ser. A medida que aumentaba el espacio interior entre mis pensamientos y mis sentimientos, me di cuenta de que la ansiedad que tenía solía estar directamente conectada con un pensamiento negativo. Por ejemplo, pensar que estaba viviendo más en el presente me provocaba la ansiedad de creer que no tenía suficiente tiempo para hacer lo que debía hacer. Esta ansiedad hizo que me diera cuenta de que el ego estaba intentando compensar cada sentimiento positivo con uno negativo para perjudicarme. Sin embargo, desde que descubrí que el ego no es más que la herramienta de la fuerza inteligente de la ilusión, se redujo a un tamaño manejable. Comencé a pensar que el ego es un chico travieso que siempre quiere salirse con la suya y así surgió de la nada una solución para lidiar con él. Descubrí que si sentía gratitud por la guía que recibía del universo y me hacía consciente del amor universal, el ego se debilitaba junto con la fuerza de ilusión que se esconde detrás. Además, cuando la ansiedad invadía mi cuerpo, podía disolver la tensión haciendo una inhalación profunda y exhalando completamente.

Me di cuenta cada vez con más claridad de que compartir los detalles sobre mi camino espiritual con otras personas las ayudaría en el suyo. Anteriormente, siempre esperaba hasta estar segura de que tenía las respuestas correctas antes de compartir lo que pensaba. Este era otro patrón antiguo que deseaba romper porque se asociaba al miedo al fracaso y al rechazo. Al escribir y hablar sobre mi camino continuamente, me comprometí a confiar en el universo profundamente.

12

FORMAS EN LAS QUE EL CUERPO ETÉRICO ALIMENTA AL CUERPO FÍSICO

*En la provincia de la mente, lo que uno toma como real es real
o se convierte en realidad dentro de ciertos límites... y cuando los
alcanzas, estos límites resultan ser nuevas creencias a trascender.*
— JOHN LILLY MD

Pasaron varios días y me mantuve en un estado neutro sin expectativas ni resistencia. Finalmente, una mañana dirigí la atención hacia mi interior y hacia Henry para ver si había algo más que él quisiera conversar.

—Sí –dijo, cuando percibió mis pensamientos–. Tu cuerpo físico, como creo que ya sabes a esta altura, es un sistema integral. Cada célula es inteligente y se comunica con los otros órganos y funciones corporales.

—La evaluación que hicimos de todo lo que se necesita para reestablecer la salud corrigiendo pensamientos y sentimientos negativos fue tan exhaustiva que casi me había olvidado de concentrarme en el físico.

—Eso no es algo tan malo –replicó Henry– porque las afecciones y enfermedades físicas se originan en el cuerpo mental y emocional. Sin embargo, hoy nos enfocaremos en el cuerpo físico. Antes de hablar de los órganos, es clave que entiendas cómo trabajo yo a través del cuerpo etérico para mantener al cuerpo físico.

»Hay tres canales etéricos que uso para transmitir energía vital a todos los órganos. Estos canales etéricos se conectan en cada uno de los siete chakras y además también hay miles de *nadis,* que son arterias, venas, etc. que alimentan el cuerpo físico, mental y emocional. El significado literal de «nadi»es flujo

LOS TRES CANALES
PRINCIPALES Y LOS CHAKRAS

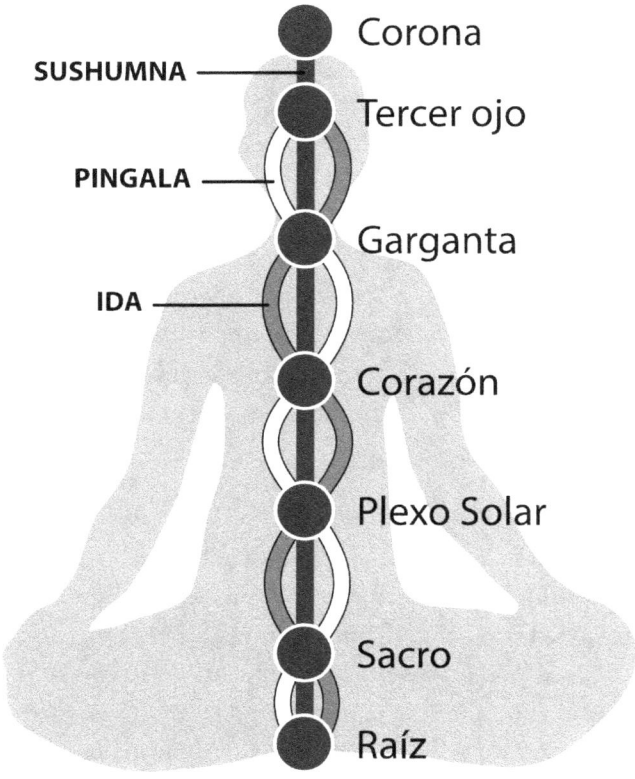

y los *nadis* son canales por los que fluye la conciencia. Así como las cargas positivas y negativas de la electricidad fluyen a través de circuitos complejos, el *prana* (la fuerza vital) y el *manas* (la fuerza mental) fluyen a través de cada parte del cuerpo por medio de los *nadis*."

—¿Son necesarios tantos tecnicismos? ¿No podrías explicarme simplemente lo que haces?

—Estoy utilizando términos hindúes porque la ciencia occidental, hasta ahora, ha aprendido muy poco acerca de la fisiología etérica. Los espíritus del cuerpo son seres etéricos que trabajan con el cuerpo físico y ahora explicaré en términos sencillos lo que hago para que tengas una base de conocimientos firme sobre este tema. Entre todos esos *nadis,* hay tres canales que son los más importantes. El canal central es el *sushumná* medular. Interpenetra el eje céfalorraquídeo desde el perineo hasta la coyuntura de la sutura sagital y lamboidea en la corona de la cabeza. Se extiende desde el chakra raíz hasta el chakra corona. El *sushumná* es el canal central y la energía kundalini circula a través de él cuando despiertas.

»Esto ocurre cuando la energía de los canales izquierdo y derecho, que se encuentran a cada lado del canal central, están equilibrados y se fusionan y ascienden a través del central. Esto se produce cuando puedes magnetizar y equilibrar tus energías yin y yang, y de esa manera se establece una corriente etérica de alta frecuencia.

—¿Entonces por esto es importante equilibrar las energías yin y yang, como ya hablamos anteriormente? –pregunté–. ¿Para poder establecer una corriente que suba por el canal central?

—Así es –respondió Henry–. El canal derecho tiene una polaridad positiva y se asocia a las cualidades yang de los estados mentales activos. El canal izquierdo tiene una polaridad negativa y se asocia a las cualidades yin y a los estados mentales pasivos. Ambos canales se entrecruzan a la altura de cada chakra y se fusionan en el tercer ojo.

»Todas las técnicas para positivizar los pensamientos y las emociones de las que hemos estado hablando purifican y desarrollan corrientes energéticas en ambos canales. Este proceso, junto con el trabajo sobre el corazón, lleva al despertar. Cuando el corazón mantiene un ritmo coherente gracias a las emociones positivas, toda tu vibración se eleva y te acerca a la conciencia. Hablaremos más de esto cuando lleguemos al tema del corazón.

—Esto es demasiada información. ¿Todo es importante o podemos hablar únicamente del cerebro y del corazón? –pregunté.

—Te estoy contando el trabajo que hago y, sobre todo, cómo lo hago. Si entiendes mejor el «cómo», podrás entender la importancia de mantener pensamientos, sentimientos y acciones positivas que creen salud. Utilizo estos canales etéricos para conectar y trabajar con el corazón, el cerebro, los órganos y las células fisiológicas. Para liberarte de las formas-pensamiento y de las ilusiones que te controlan, es importante entender el funcionamiento etérico y fisiológico de los órganos porque te ayudará a conseguirlo.

—Aunque la ciencia occidental –comenté– se queda atrás con respecto al conocimiento sobre el cuerpo etérico, tiene pruebas fisiológicas acerca del efecto que tienen las emociones sobre el cerebro. Por ejemplo, el Dr. Richard Davidson de la Universidad de Wisconsin estudió la actividad eléctrica del cerebro y el flujo de la sangre para mapear las áreas del cerebro que reflejan emociones positivas y negativas. Descubrió que la corteza prefrontal izquierda se activa ante emociones positivas, mientras que la corteza prefrontal derecha se activa ante emociones negativas. Davidson llevó a cabo experimentos sobre contempladores y meditadores entrenados y sobre personas cuya principal prioridad ha sido durante largo tiempo el desarrollo interior. Como resultado, descubrió que los niveles de activación de la corteza prefrontal izquierda, el lugar que se corresponde con las emociones positivas, sobrepasaban por lejos los niveles de las personas que no meditaban. Como la mente, al igual que el cuerpo, se puede entrenar, su estudio demuestra que cualquiera puede modificar su cerebro mediante la meditación. Sin embargo, lo que no entiendo es ¿cómo alcanzamos estados más altos de conciencia modificando el cerebro?

—Para responder a tu pregunta, tenemos que hablar sobre la glándula pineal –dijo Henry, con ganas de ayudarme a entender–. La glándula pineal se ubica entre los dos hemisferios cerebrales justo en el centro del cerebro. Es del tamaño de un grano de arroz y tiene forma de piña, de ahí su nombre. (Ver la ilustración de la glándula pineal en la página 8.)

»Los antiguos griegos creían que la glándula pineal era el asiento del alma y que juega un papel importante en el tema de la conciencia. Está codificada y programada por la inteligencia universal para ayudarte a evolucionar hasta convertirte en un ser consciente. Jesús dijo «La lámpara del cuerpo es el ojo: si tu ojo está sano, todo tu cuerpo estará lleno de luz». Esta frase significa que la glándula pineal, o tercer ojo, percibe las frecuencias de luz superiores. Estas frecuencias entran como un solo rayo de luz pero, en realidad, consta de tres energías. Estas energías son las mismas llamas de amor, sabiduría y voluntad que se encuentran en tu corazón.

—El gurú autorrealizado Paramahansa Yogananda –interrumpí– también habla sobre estos rayos de energía y sobre el efecto que producen en el cerebro. Él dice que el rayo de Dios Padre (el camino de la voluntad) se halla predominantemente en la materia blanca del cerebro, que se sitúa dentro del cerebro, aislada de la materia gris exterior. El rayo de Dios Hijo (el camino del amor) se halla predominantemente en la materia gris del cerebro exterior, que provee el medio por el cual se pueden expresar los pensamientos. El rayo del Espíritu Santo (el camino de la sabiduría), o sea tú, Henry, se halla predominantemente en los glóbulos rojos y se manifiesta en la corriente eléctrica que fluye a través de los nervios.

—Yogananda está en lo cierto –comentó Henry–. Él describe lo que sucede a nivel etérico. Y lo ideal es que yo pueda equilibrar esos tres rayos de energía en tu cuerpo físico, emocional y mental. Sin embargo, como tienes libre albedrío, tus pensamientos controlan mi funcionamiento. Por esto es que hemos hablado tanto sobre eliminar los pensamientos negativos y fortalecer los positivos. Cada vez que tus pensamientos se alinean en coherencia con una vibración más alta, puedo darle la señal a la glándula pineal para que abra códigos de pensamiento que antes eran inaccesibles para ti. Estos pensamientos más elevados crean sentimientos más elevados que facilitan la transformación espiritual.

—Ya que hablamos sobre la pineal, me gustaría corroborar contigo algunas otras cosas, ¿puedo?

—Te escucho.

—Estudié el funcionamiento de la glándula pineal durante muchos años –dije–. Sentí, tal como has confirmado, que la pineal es la clave para desbloquear estados de conciencia superiores. Aprendí que la glándula pineal contiene dos tipos de cristales. Los más grandes tienen forma de mora y los más pequeños son diminutos y se conocen como mieloconia. Las mieloconias son cristales de calcita con formas geométricas que quizá tengan propiedades piezoeléctricas, lo que significa que podrían generar cargas eléctricas. En ese caso, significa que elevan la vibración energética. Para ser un órgano tan pequeño, utiliza una gran cantidad de sangre, ya que se encuentra en segundo lugar después de los riñones y empata con la pituitaria. Como tú fluyes por mi sangre, Henry, esta información sugiere que visitas con frecuencia la glándula pineal. ¿Es así?

—Sí, así es –rió–. Como puede que ya sepas, la glándula pineal no está conectada al cerebro, solamente está conectada al sistema nervioso autónomo mediante nervios. La glandula pineal conecta al cuerpo físico con el cuerpo etérico de muchas maneras. La glándula pineal está conectada etéricamente al sexto chakra, el tercer ojo. Alli es donde finalizan su recorrido los canales laterales para fusionarse con el *sushumná*, el canal central que posee una carga neutra. Cuando elevas tu vibración mediante pensamientos positivos, puedo utilizar la corriente eléctrica que asciende por el canal central para activar estados de conciencia superiores que están codificados en la glándula pineal.

—Gracias por explicar cómo trabajas con la pineal. ¿Hay algo que se pueda hacer para fortalecerla?

—Limpiar y desintoxicar la glándula pineal es esencial porque fortalece la conexión con la inteligencia universal. El flúor es perjudicial para la pineal y, lamentablemente, absorbe flúor más que cualquier otro órgano. Así que, de lo posible, evitar tomar agua de la canilla que contenga flúor o utilizar pasta dentífrica con flúor.

—Bien, y ¿hay algo más que se pueda hacer además de eliminar el flúor?

—Te alegrará escuchar que el cacao estimula la pineal y es antioxidante, as que sería útil que lo consumas. Es bien sabido que el chocolate aumenta la producción de endorfinas que son hormonas que hacen que te sientas amada y esta emoción, como todas las emociones positivas, fortalecen la glándula pineal.

—¡Ya veo porqué amo tanto el chocolate! –exclamé, entusiasmada ante la posibilidad de aumentar mi consumo. Pensé que la conversación acerca del cerebro había terminado y que ya podía ir a conseguir un poco de este potenciador de la pineal y de la producción de endorfinas... cuando Henry hizo un comentario.

—Todo lo que conversamos sobre las funciones fisiológicas y etéricas del cerebro no son solo para ti. También se beneficiarán de esta información los lectores. Muchas personas necesitan pruebas científicas antes de creer en algo que leen o escuchan. Nos hemos enfocado en la importancia de los pensamientos y de los sentimientos, y ahora aportaremos evidencia para sustentar nuestras palabras.

En ese momento me di cuenta de que esta información era pesada. Me ENCANTA hablar sobre las correspondencias entre la literatura espiritual y lo que la ciencia biológica ha descubierto acerca del funcionamiento del cerebro. Sin embargo, a veces olvido que este tema ha sido una pasión mía durante tanto tiempo que puede que te abrume a ti, que lees estas páginas, con todo el bagaje de fascinante información que disfruto compartir. Así que tomémonos un descanso y volvamos después.

13

EL CEREBRO: DESARROLLA TU INTELIGENCIA

"Muchos creen estar pensando cuando están meramente reordenando sus prejuicios".
— David Bohm

Henry ya estaba listo para continuar cuando me senté a charlar con él otra vez.

—Hablamos de la glándula pineal, pero me gustaría ampliar el tema y hablar de la importancia de todo el cerebro porque, como dijo Yogananda en toda su sabiduría, la totalidad del cerebro está involucrada en hospedar los tres rayos de la conciencia universal.

—Ya que quieres que hablemos de todo el cerebro, ¿podría compartir la información que encontré acerca de las *células gliales?* Es muy interesante para mí, y puede que lo sea para otros también.

—¡Claro!

—Las células gliales –comencé– conforman el 90% de las células cerebrales. Apoyan y rodean cada fibra nerviosa del cuerpo y aumentan las conexiones sinápticas. De hecho, a diferencia de las neuronas, las células gliales aumentan en cantidad a lo largo de la vida si aprendemos cosas nuevas continuamente. El entorno que nos rodea puede aumentar o disminuir la cantidad de células gliales en el cerebro, y la glándula pineal contiene un buen número en su interior. Cuando estudiaron el cerebro de Einstein, descubrieron que tenía un 72% más de células gliales que una persona promedio. Como Einstein, además de ser un genio, era un místico, me preguntaba si tener más células gliales facilitaría la transformación espiritual.

—Las células gliales se multiplican o se reducen –replicó Henry– según la frecuencia de la información que les das. Crecen cuando aumenta tu búsqueda de amor, conocimiento intelectual o experiencias espirituales. Por ejemplo, explicaré cómo crecieron tus células gliales durante tu vida. Cuando empezaste la escuela secundaria, según los resultados de las pruebas de Coeficiente Intelectual (CI), te ubicaron en las clases para aquellos con una inteligencia promedio. No te interesaban (ni eras buena en ello, si me permites agregar) algunas materias, como secretaría y economía del hogar. Entonces estudiaste mucho para las materias académicas para poder entrar en la rama académica el año siguiente. Sin embargo, tu visión se extendía solamente hasta la finalización de la escuela secundaria. Estabas destinada a encontrar amigos que iban a ir a la universidad para abrirte a la posibilidad de que eso también fuera una opción para ti. Una vez más, al principio te limitaste a conseguir el grado más corto y fácil posible, pero el universo intervino y terminaste teniendo tres títulos. A lo largo de tu vida, aumentaste la cantidad de células gliales aprendiendo algo nuevo constantemente, y todos deberían hacerlo.

—Tus palabras me recuerdan los hallazgos del neurocientífico Michael Merzenich, quien descubrió que el cerebro tiene una cualidad plástica y que cambia con las experiencias. A medida que aprendemos nuevas habilidades, se abren nuevos caminos. Incluso las personas mayores que se mantienen activas mentalmente tienen cerebros más complejos que las que no lo hacen.

»Personalmente, me pregunté algunas veces porqué mis puntajes de CI no eran muy buenos y creo que se la respuesta. Existen estudios hechos en la Universidad de Medicina de Baylor que reveló que el cerebro de los niños que no reciben contacto o estímulos físicos se desarrolla entre un 20% y un 30% menos de lo promedio. Cuando era niña, mi entorno físico, psicológico y mental no era muy estimulante, lo cual podría explicar los puntajes bajos de Coeficiente Intelectual que obtenía cuando era joven.

Henry estaba ansioso por comentar:

—El contacto físico y la estimulación mental y emocional son integralmente esenciales para la salud. Y no solo para los niños. Incluso los ancianos viven mejor si reciben contacto físico y si se mueven en entornos interesantes. Esto es de absoluta importancia.

—Hablar sobre cómo creo que mejoró mi inteligencia me hizo recordar algo más. Cuando iba a la escuela, el sistema educativo se enfocaba más en el aprendizaje de memoria basado en el uso del hemisferio izquierdo. La profesora explicaba el tema verbalmente y te pedía que lo recordaras. Esto no funcionaba para mí porque mi mejor estilo de aprendizaje no es el auditivo. No pude usar mi don de la intuición basado en el hemisferio derecho, que es más visual y elevado en frecuencia, hasta llegar a la universidad.

—Muchos niños no consiguen sus objetivos en las instituciones educativas tradicionales –interpuso Henry– porque su estilo de aprendizaje no es el auditivo. Afortunadamente esto está cambiando y las escuelas están empezando a implementar distintas formas de aprendizaje. La ciencia ha descubierto que el cerebro continúa desarrollando funciones importantes durante los 20 e incluso más. La evolución de la humanidad nos está guiando hacia estilos de aprendizaje que integran todo el cerebro y que se producen a una velocidad mayor que la de la luz. Esto se está volviendo evidente actualmente, y en poco tiempo la ciencia lo probará.

—¡Utilizar todo el cerebro para entender conceptos más rápido que la luz! Lo que dices se alinea con lo que descubrió el Dr. Karl Pribram de la Universidad de Medicina de Stanford. La investigación del Dr. Pribram demuestra que el cerebro funciona como un holograma. Una pequeña parte del cerebro tiene acceso a toda la información que está almacenada en otras partes. Entonces, si una parte se daña, otra parte, con el entrenamiento adecuado, puede replicar la función perdida, aunque no la desempeña exactamente igual. Mediante este holograma creamos nuestra realidad, que evoluciona y cambia a medida que pensamos diferente.

—Cierto –dijo Henry, sonriendo–. Tu realidad cambia cuando tú cambias tus pensamientos y creencias. La humanidad está entrando en una era en la que la ciencia está aventurándose en un territorio ya conocido únicamente por los místicos. Este conocimiento cambiará el mundo a medida que la humanidad pase del estado de conciencia egoica a la conciencia global y a la conciencia transcendental del alma.

—¿Esta es la conciencia global de la que hablaba Maharishi, el fundador de la Meditación Trascendental (MT), cuando dijo que si el 1% de las personas meditaran, todo el mundo se volvería consciente?

—Maharishi tenía razón –respondió Henry–. Puedes generar patrones de pensamiento coherentes meditando diariamente. Al hacerlo, puedes unificar la información de todo el cerebro, lo que permite que se comunique la razón con la emoción tanto en la mente como en el cuerpo. Esto puede producir nuevos paradigmas de pensamiento y conciencia.

—El término científico de lo que describes es «oscilación sincrónica» –agregué–. La ciencia ha descubierto que la frecuencia en la que se produce el pensamiento unido sincrónico es la de los 40 hercios, y se suele hallar en meditadores. El pensamiento unido caracteriza a las personas que tienen una mente visionaria y más elevada. Gracias a él pueden pensar más creativa, intuitiva e innovadoramente. Además, la oscilación sincrónica integra la mente, el corazón y el alma y, por ende, te acerca a dar saltos cuánticos de conciencia.

—Es un momento maravilloso de la evolución humana –concordó Henry– en el que la ciencia finalmente está descubriendo la importancia de la meditación. Meditar regularmente acelera la transformación espiritual. De hecho, facilita tu recorrido por la etapa del capullo de la noche oscura, especialmente en la etapa inicial y media. Durante las ultimas etapas de vacío, puede que todas las practicas espirituales, como la meditación, la oración, la lectura de libros espirituales, pierdan sentido... pero ese es otro tema.

—Ya que hablamos de la importancia de la meditación, el neurocientífico Andrew Newberg de la Universidad de Pennsylvania, autor de *Cómo cambia Dios tu cerebro,* ha descubierto cosas fascinantes acerca de los efectos de la meditación sobre el cerebro. Tomó imágenes del escáner cerebral realizado sobre monjas franciscanas, budistas, pentecostales, sijs y sufíes mientras rezaban o meditaban en su misión de medir los efectos de la espiritualidad sobre el cerebro. Él declara que no hay una sola parte del cerebro en la que habite Dios. Descubrió que cuando la mente está totalmente comprometida en algo, lo cual suele suceder durante las prácticas espirituales, se activan varias partes del cerebro. Pensar en «Dios» de manera positiva despierta las partes del cerebro que hacen que sientas compasión, amor y perdón. También reduce los niveles de depresión y ansiedad.

»Newberg también descubrió –continué hablando– que muchas técnicas de meditación diferentes tienen el mismo efecto. Y que no lleva mucho tiempo empezar a notar resultados. Seleccionó a un grupo de personas que nunca habían meditado, escaneó sus cerebros y luego los entrenó en técnicas simples de meditación. Las personas meditaban 12 minutos por día. A las ocho semanas, Newberg observó mejoras considerables en las pruebas de memoria y en las mediciones emocionales, que incluían la ansiedad, el enojo y la tensión. Además, parece que los resultados son acumulativos: cuanto más meditas, mayores son los resultados positivos.

»Henry, podría citar distintas investigaciones científicas hasta que las vacas vuelen pero soy consciente de que mi marco de referencia está limitado por el ego. Tú construyes mi cuerpo. Desde tu punto de vista etérico, ¿en qué radica la importancia de la meditación?

—La meditación –respondió Henry– me permite usar los nervios y los chakras etéricos del cuerpo para conectar los sistemas nerviosos del cuerpo etérico con el físico. Estos sistemas tienen dos funciones. La primera es conectarte con el mundo. La segunda es conectarte con la conciencia universal. La fuerza vital (prana) fluye normalmente desde la conciencia universal hacia el cerebro, la columna espinal y los nervios, y activa los sentidos físicos para conectarte con el mundo exterior. Sin embargo, durante la meditación, el flujo de energía se invierte y fluye hacia dentro. De esta manera, la conciencia universal alimenta y desarrolla los chakras y los cuerpos más sutiles como preparación para ascender a otras frecuencias espirituales.

—Por lo tanto, es esencial no sobreexcitar los nervios trabajando demasiado o preocupándose, y mantener la calma interior y exteriormente. Esa actitud nutre los nervios. De lo contrario, se quema el recubrimiento de los nervios por el exceso de energía y se produce un gran daño. Se necesita la meditación porque ayuda a mantener el equilibrio en este mundo que tanta ansiedad provoca. También son muy relajantes los retiros o incluso los paseos por la naturaleza. Hablar demasiado, estar muy activos o la estimulación que nos da el entretenimiento, como las películas o la televisión, también sobreexcitan los nervios.

—Hablar demasiado, dices. Creo que hemos estado haciendo eso –dije, con la esperanza de que terminara la conversación.

—Una última cosa –replicó Henry.

Le demostré mi fatiga pero él continuó de todos modos.

—La columna espinal protege a la energía kundalini que debe elevarse desde la base hasta el chakra corona. Es importante mantener una postura erecta, alineando el cráneo con la base de la columna. Esto permite que la energía fluya desde la glándula pineal hacia todos los chakras para que la conexión universal se vuelva una parte vital del cuerpo. Cuando sucede esto, la conciencia de la mente superior se convierte en conciencia corporal.

Esta charla acerca del cerebro fue exhaustiva –pausó, antes de concluir– y todavía nos queda hablar sobre el segundo órgano de conciencia más importante del cuerpo: el corazón. Pero este es un tema grande así que lo vamos a dejar para mañana.

Estaba llena, hasta rebosaba de información, pero reconocí la importancia de lo que hablamos con Henry acerca del cerebro. Estaba asombrada por cómo los nuevos descubrimientos y estudios de la ciencia estaban probando lo que las enseñanzas espirituales habían sostenido desde siempre. Intuitivamente, sentí que, como estas dos maneras de ver la realidad están poniéndose de acuerdo y apoyándose mutuamente, la humanidad está entrando en una etapa fértil para que se produzca un salto cuántico de conciencia. Una etapa en la que iremos más allá de la función de los órganos físicos, como el cerebro, y la ciencia descubrirá que el campo de conciencia, del que forma parte la mente, es en donde se produce la sanación integral.

Estaba claro que para aumentar la inteligencia necesitamos recibir estimulación aprendiendo cosas nuevas a nivel mental, emocional y físico y utilizar todos los sentidos físicos. Al mismo tiempo, necesitamos meditar para que los aprendizajes se integren y se equilibre el hemisferio izquierdo con el derecho para alcanzar el pensamiento sincrónico que activa el cerebro completo.

14

DESPLIEGA LAS PUERTAS DE TU CORAZÓN

La conciencia perfecta acepta el alma, cuyas dimensiones son
infinitamente pequeñas... se encuentra en el corazón y distribuye
su energía en todo el cuerpo

— MUKANA UPANISHAD

Pasaron varios días antes de sentir que estaba lista para hablar otra vez con Henry. No me sentía capaz de saber todo lo que hay para decir sobre la importancia del corazón. Quizás, como el corazón siempre estuvo asociado al amor, sentía que hablar de él iba a ser mucho más intenso y personal que hablar del cerebro. Recordé que, seis años atrás, el título que había pensado para el libro que ahora estaba reescribiendo era *Despliega las puertas de tu corazón.* En ese momento sentí, igual que ahora, que abrir el corazón era esencial para la transformación personal. Como no había podido continuar escribiendo sobre el proceso en ese momento, me empecé a abrumar pensando en que debía abordar el tema.

Un día, motivada por haber comido chocolate, prendí la computadora y llamé telepáticamente a Henry.

—El chocolate eleva las endorfinas y hace que te sientas amada –comenzó, al percibir el tema que más me interesaba en ese momento–. Por eso tantas personas tienen antojo de chocolate. Así que, ahora que te sientes amada, hablemos de la importancia que tiene el corazón para la transformación espiritual. Cuando las personas viven en el miedo, sostienen un escudo alrededor del corazón que las protege de los demás y de los factores estresantes del ambiente. Pero el escudo no elimina el miedo, por el contrario, la única manera de eliminarlo es deshaciéndose de ese escudo. Existen dos maneras de vivir: con miedo o con amor. El miedo es la forma de vivir de la era antigua que está pasando, y el amor es la forma de vivir de la era que está comenzando.

»El amor del que hablo –continuó Henry– no es el amor hacia los hijos, los padres o los amigos, sino el amor hacia todos y hacia todo equitativamente. Es el amor del corazón superior, el corazón etérico. Buda señaló la manera de llegar al corazón etérico cuando dijo «Ama a todos como amas a tu madre». Jesucristo también lo hizo cuando dijo «Haz a otros lo que te gustaría que te hicieran». En la tradición hindú, el amor incondicional se llama «el dar real» y es la forma de amor más elevada.

—Tal vez esta pregunta sea rara, pero ¿en dónde se ubica el corazón etérico?

—¿Crees en los éteres? –rió Henry.– Cada órgano físico, incluso cada célula, tiene una contraparte etérica. Cuando corriges la causa y no solo los síntomas de un problema físico, corriges el funcionamiento del órgano etérico dañado. Por esto es que dedicamos tanto tiempo a hablar sobre los pensamientos que causan enfermedades físicas, emocionales, mentales y espirituales.

—Si decimos que el corazón etérico es el aspecto más elevado del amor –comenté– siento que la palabra hawaiana *aloha* tiene mucho que ver. Aloha consiste en dos palabras. La primera, «*alo*» significa seno y centro del universo y «*ha*» significa aliento Divino. Cuando tienes aloha, no existe ningún límite entre la persona a la cual saludas y tú o entre la personalidad y el alma. Vives lo que enseñaron Jesús y Buda. Por ejemplo, actuar con *aloha* para los hawaianos significa invitar a desconocidos a su hogar y alimentar tanto su espíritu como sus cuerpos físicos.

—Aloha es un gran ejemplo de amar con el corazón etérico. Los hawaianos, como la mayoría de los pueblos indígenas, siempre han sabido que todo está interconectado y que lo que afecta a uno afecta a todos. Cuando tu vibración se eleve lo suficiente como para llegar al corazón etérico, vivirás bajo este principio en carne propia, no solo en teoría. Amar a otros con todo el corazón es amarte a ti misma con todo el corazón y también es amar al Creador del universo con todo el corazón. El corazon etérico también actúa como mediador entre la personalidad y el alma. Al liberar el corazón, te abres a un nivel ilimitado de conciencia y de interconexión con toda la existencia. Por lo tanto, te conviertes en un verdadero guardián de la Tierra y vives en armonía con toda la creación.

— Al igual que con el cerebro –dije– investigué los efectos del corazón sobre la conciencia y descubrí datos increíbles. Creo que esta información apoya lo que estamos comentando. Por ejemplo, el Instituto HeartMath de California probó que el campo electromagnético del corazón es 60 veces más fuerte que el del cerebro. Este campo se extiende como mínimo un radio de seis metros desde el corazón y es tan poderoso que se podría realizar un electrocardiograma a un metro del cuerpo. Además, el corazón es inteligente. Lee el estado emocional de las personas independientemente de lo que digan o hagan, le da una señal al resto del cuerpo acerca de cómo sentirse con respecto a ellas y también le indica si son de confiar.

»Además, descubrieron que la frecuencia del corazón no solo influye sobre personas cercanas a quienes conoces, sino también a extraños que viven lejos. Esto podría explicar esas ocasiones en las que alguien intuye que un ser querido tuvo un accidente o falleció. De la misma manera, puede indicar porqué tantas personas supieron que algo terrible había sucedido el día en que cayeron las torres gemelas en Nueva York o cuando se producen huracanes u otros desastres naturales. En la actualidad, el planeta está asolado por numerosas guerras, crisis medioambientales y de salud, y refugiados que abandonan sus hogares. ¿Es posible que estos acontecimientos provoquen una ansiedad incesante en las personas de todo el mundo? ¿Sus corazones perciben todas estas tragedias incluso aunque ninguno de esos problemas los afecten personalmente?

—Por supuesto –acordó–. La buena noticia es que todo el mundo, al advertir esta ansiedad flotando en el aire, se siente movido a hacer algo al respecto. La gente comenzó a meditar, a hacer yoga, a leer libros de autoayuda o sobre espiritualidad de diferentes tradiciones, a hacer activismo medioambiental y también les abren las puertas de sus ciudades a los refugiados.

Estaba de acuerdo con las ideas positivas de Henry, pero decidí ofrecer un punto de vista equilibrado. Y dije:

—Las acciones positivas que está tomando la gente llevan a la conciencia, pero me preocupan los efectos a largo plazo de la ansiedad constante que sienten los adultos, ya que la transmiten a sus hijos no nacidos. Por ejemplo, hay estudios que prueban que el campo electromagnético del embrión resuena con el de la madre dentro del útero y que su estado emocional afecta al desarrollo cerebral del niño. Por lo tanto, si la madre es miedosa, programa miedo en el sistema del niño. El doctor Bruce Lipton, biólogo celular pionero en su área, incluso probó que las emociones tanto positivas como negativas de la madre afectan el ADN del niño por nacer.

—Nadie está aislado –explicó Henry–. Todo esta interconectado, recuérdalo siempre, y no solo en esta vida, sino en las vidas pasadas y futuras. Cada niño hereda talentos y heridas de acuerdo con su karma, las elecciones de sus padres y la época en la que encarna. Todo se debe sanar, y se sana a cualquier edad tanto para los padres como para los niños. La sanación comienza en el corazón.

—Puede ser –interpuse–, pero la sanación no es tan fácil como dices.

—Ah, ¿no? –dijo, no muy convencido.

Obviamente, Henry necesitaba más pruebas desde la perspectiva humana.

—Por ejemplo –comencé, entusiasmada por convencerlo–, existen estudios que demuestran que el grado de amor incondicional que reciben los niños durante los primeros tres años de vida afecta profundamente el funcionamiento de su corazón y su cerebro de por vida. Además, sabemos que a los 11 o 12 años, justo antes del crecimiento acelerado de la pubertad, el cerebro, bajo la dirección del corazón, atraviesa una limpieza primaveral de conexiones neuronales inútiles. Si los niños se sienten seguros y amados, el cerebro se enfoca en el crecimiento y en las nuevas posibilidades. Por el contrario, si los niños se sienten inseguros y poco queridos, el cerebro se enfocará en retener información de supervivencia. Esta elección determina cómo se desarrollará la corteza prefrontal del cerebro. E incluso si los niños crecen en un ambiente muy amoroso, es entendible que sientan la ansiedad de sus padres.

—Prefiero ver el vaso medio lleno –respondió Henry–. Los niños tienen libre albedrío, incluso a los 11 y 12 años, para decidir si van a adoptar las creencias de sus padres, y cuáles. A esa edad, ya habrán interactuado con otros niños, adultos y otras fuentes de información que pueden alterar su pensamiento. Cada niño tiene su propio karma y su propio destino. Algunos niños tienen padres difíciles y prosperan, mientras que otros crecen en ambientes propicios y enriquecedores y fracasan.

Tenía que concederle que su argumento era acertado. Conozco muchos ejemplos de niños que triunfaron en ambientes dificultosos y otros que se marchitaron. Decidí reservar mi opinión para después y esperé que Henry continuara.

—Los humanos no suelen cambiar su comportamiento hasta que consiguen evidencia de lo importante que sería que lo hicieran. Pero, como tú dices, hay pruebas científicas que están entrando en la conciencia colectiva que apoyan la efectividad de tener pensamientos positivos a cualquier edad. Cuando eliminas los estados mentales y emocionales negativos y los reemplazas por estados positivos, me permites a mí, tu elemental del cuerpo, tu espíritu del cuerpo, liberar tu corazón para que logres acceder a una frecuencia álmica más elevada. Y las personas tienen libre albedrío para elegir cambiar a cualquier edad.

—Me alivia escuchar esto, y estoy segura de que será igual para muchas otras personas –ofrecí, ablandando mi postura–. En realidad, el Instituto HeartMath ha hecho investigaciones que fundamentan lo que dices. Descubrieron que cuando sentimos emociones positivas como amor, compasión, cuidado y agradecimiento el corazón late en un ritmo sostenido que ellos llaman coherencia emocional. Este patrón de latidos coherentes aumenta la sincronización e interconexión entre distintos sistemas corporales que, a su vez, conducen a una salud y desempeño óptimos. Lo que más interesante me pareció de sus hallazgos es que podemos crear sentimientos positivos intencionalmente mediante técnicas de visualización y respiración y, al hacerlo, el corazón late en coherencia con esas emociones también.

—Las emociones negativas, como el enojo, la ansiedad y el miedo –dijo Henry– me obligan a desincronizar el ritmo cardíaco, y eso dificulta la regulación de emociones. La clave es generar emociones positivas mediante la visualización, la meditación, la oración y la contemplación de lo que más aprecias en la vida. Podríamos decir que la meditación es más yin, la oración más yang y la contemplación es neutra, ya que observas lo que hay sin intentar cambiar nada. Prefiero que generes emociones pacíficas, neutro-positivas de amor incondicional, como la gratitud, en lugar de una gran excitación, que es más yang. Esto me permite crear un ritmo cardíaco coherente para mantener la salud en todos los sistemas corporales.

—Mencionaste la oración –comenté–. Hablamos tan seguido sobre la meditación que siento que la oración quedó en un segundo lugar. Creo que la meditación y la oración se complementan. Funcionan como un teléfono, ya que tiene un micrófono en el que hablar y un parlante por el que escuchas lo que dice la persona del otro lado. Cuando rezamos, solemos pedirle algo a la inteligencia universal, mientras que la meditación es escuchar lo que responde. Para mí, ambas abren el corazón y son útiles en el camino hacia la conciencia.

—Sí, la oración es tan importante como la meditación, como tú dices. Funcionan mejor juntas, aunque a veces las personas se centran más en una de las dos.

—Eso es lo que hemos estado haciendo –dije, antes de añadir– así que me gustaría hablar un poco más sobre la oración. El doctor Larry Dossey ha publicado numerosos textos acerca de los efectos de la oración. Se llevaron a cabo estudios en los que un grupo de personas rezaron por pacientes que no conocían que habían pasado por cirugías cardíacas. Los pacientes que recibieron las plegarias se recuperaron mucho más rápido y entre ellos se contaron menos muertes que entre los que no las recibieron. Además, no hacía ninguna diferencia que las oraciones fueran cristianas, judías, hindúes, etc.: lo importante era el efecto positivo de la oración.

—Con el ajetreo del día a día –replicó Henry– es fácil llenar de actividades el día y no tomarse el tiempo para meditar, rezar y contemplar la belleza del mundo. Incluso algunas personas pueden sentir culpa por no estar haciendo lo suficiente por la Tierra o por otras personas. Ni el exceso de trabajo ni la culpa son beneficiosos. Al meditar y rezar diariamente por los demás, por ti misma y por la tierra, harás un diferencia positiva en el mundo y crecerá tu paz interior. La meditación y la oración están equilibradas energéticamente, tal como explicas en la metáfora del teléfono, y hacer ambas me permite mantener tu cuerpo sano.

—Tengo una confesión. Últimamente, me siento cada vez más vacía –dije–. No es una sensación desagradable, solamente es que ya no deseo meditar, visualizar, leer libros espirituales o «trabajar» para convertirme en algo distinto a lo que soy. A veces se me cruzan por la mente pensamientos de que estoy siendo vaga o de que no hago lo suficiente, pero hay algo más fuerte que me impulsa a dejar ser todo lo que está sucediendo. No tengo deseos de avanzar o acelerar el proceso, aunque noto que las personas de mi alrededor desearían que trabajara y produciera como lo hacía en el pasado. Y aun así en un nivel muy profundo me encuentro diciendo «gracias» a

Dios continuamente. No estoy resistiéndome al proceso. ¿Esto es progreso o es un retroceso?

—Es un progreso cuando sucede naturalmente como en tu caso, que te mantienes en un estado contemplativo y neutro-positivo cuando el ego intenta disparar alguna reacción en ti. Este período se caracteriza por la disolución de los límites que te separan de la Fuente.

—¿Volveré a desear meditar alguna vez?

—La meditación, la oración y todas las prácticas espirituales activas son cosas que has hecho para llegar hasta esta etapa. Ya no pueden llevarte más lejos. Ahora lo único que tienes que hacer es mantenerte abierta a recibir lo que Dios quiere hacer contigo. Puede que las prácticas vuelvan o no. Mantente en donde estás y continúa diciendo «Sí» y a darle la bienvenida a la Fuente con los brazos abiertos. Eso es todo lo que tienes que hacer, todo lo demás vendrá en su debido momento. La gracia existe fuera del tiempo. No hay nada más importante que entregarse a las condiciones del momento presente cuando una persona escucha las palabras de Dios. Al hacerlo, contribuyes con el todo.

—Se siente un poco como si estuviera muriendo, y me estuve preguntando... ¿moriré pronto?

—El ego está muriendo y todo lo que puedes hacer es mantenerte atenta y permitir que se de el proceso. No hay pasos específicos que debas dar. No puedes descifrar el proceso intelectualmente, por eso sientes como si perdieras el control.

—Así me siento. Incluso me pregunté si no estaré comenzando a tener demencia senil, ya que no trabajo con la eficiencia usual. Estoy más lenta y cometo más errores. Igualmente, siento que todo está bien. De hecho, y quizás esto suene raro, siento una especie de felicidad por estar permitiendo que esto suceda y porque está sucediendo. En otras palabras, tengo una sensación de estar en el camino correcto y de inmensa gratitud, y quiero agradecerte a tí, Henry, por toda tu ayuda en este proceso.

—Estás entrando cada vez más en estados más sutiles. El ser y el hacer, el mundo exterior y el mundo interior se están fusionando.

—¿Esto que me está pasando es parte del proceso de liberación del corazón?

—Definitivamente. Y, a medida que continúas entregándote y abrazando el proceso sin juzgarlo, tu cuerpo físico se va llenando más y más de prana y se restablece tu salud.

—¿Podrías explicarme mejor cómo utilizar el prana para mantener sano el cuerpo físico?

—Hemos estado hablando sobre el corazón, pero su funcionamiento depende, hasta cierto punto, del estado de los pulmones –respondió Henry–. Las emociones afectan tanto al corazón como a los pulmones, y el miedo los deteriora. Cuando tienes miedo, no respiras correctamente y el corazón late demasiado rápido y se desgasta. Aprender a ralentizar el ritmo cardíaco mediante la respiración profunda, que se practica en la mayoría de las tradiciones espirituales, es esencial. Cuando haces esto, me permites oxigenar el corazón para que circulen por tu cuerpo todos los nutrientes posibles, no solo una parte de ellos. Apenas los pulmones y el corazón comienzan a moverse más lento y más profundamente, tengo más vitalidad y amor para distribuir hacia el resto del cuerpo. Cuando el corazón está calmo, el miedo disminuye significativamente. Otro beneficio de la meditación y la respiración profunda es que vivirás más tiempo, ya que el corazón no estará tan desgastado.

—Antes hablamos de que tú, mi conciencia corporal, habitas en la sangre. ¿Qué haces allí?

—Muevo la conciencia por todo el cuerpo a través de la sangre. La sangre es como un servicio de mensajería que lleva reportes del estado de cada órgano hacia todos los demás. Actualmente, la mayor parte de los nutrientes que consumen las personas se utilizan para mantener el cuerpo físico, mental y emocional. Pero llegará el tiempo en el que los humanos utilizarán la mayoría de esos nutrientes para convertirse en una central energética que emitirá amor y sabiduría a todo aquel con quien se encuentre en cualquier parte del mundo.

—Siempre sentí que practicar el amor, la apreciación y la compasión hacia mí misma y hacia los demás era el mejor remedio para fortalecer mi sistema inmunológico, ¿es así?

—Sí. Además, una persona feliz es menos proclive a enfermarse, ya que la felicidad y la alegría son como imanes que atraen más energía vital universal. Estas cualidades fortalecen la llama triple de amor, sabiduría y voluntad que reside en el corazón. A medida que desarrollas la motivación correcta para cada acción y sirves a otros, esta llama crece de una altura de una pulgada hasta infundir todo el cuerpo. Esta llama es el aura que se suele ilustrar alrededor de los santos.

»La meditación, la oración y recibir a Dios como tú lo estás haciendo en este estado de vacío –continuó Henry– me permiten mantener el equilibrio en tus emociones para que puedas tomar decisiones mejores y más eficientes. Cuanto más tiempo continúes en este estado, junto con los pensamientos positivos, más fácil será que logres mantener una buena salud a largo plazo. Estos pensamientos positivos tienen que estar acompañados por emociones sinceras para que pueda crear caminos neuronales nuevos en el cerebro que mantengan constantemente la salud y el bienestar.

—Esto me recuerda –interpuse– la profunda conexión entre el corazón y el cerebro, y que el corazón es como un cerebro independiente. Me sorprendió descubrir que entre el 50% y el 60% de las células del corazón son neuronas, y que la mitad de ellas mantienen una comunicación constante con el cerebro límbico, que afecta las emociones.

»Pero me estoy desviando del punto principal. Quería hacer un comentario sobre lo que dijiste acerca de que los pensamientos tienen que estar acompañados de sentimientos sinceros para poder crear esos caminos neuronales positivos que mantienen la salud. Tu explicación hace eco de las enseñanzas de Yogananda sobre la importancia de la devoción. Él indica que, y voy a parafrasearlo, si no sientes verdadera devoción por el Creador, tu progreso espiritual se verá gravemente obstaculizado, incluso si lees literatura espiritual y practicas técnicas de meditación correctas.

—Yogananda está en lo cierto –dijo Henry–. La devoción y el deseo de unirse con el Infinito son ingredientes esenciales de la transformación. Estas cualidades sirven de apoyo para la paciencia, la perseverancia, la gratitud, la apreciación, la amabilidad, la compasión y muchas otras cualidades positivas.

—Existe una técnica budista maravillosa, llamada meditación metta, que ayuda a desarrollar esas virtudes y a abrir completamente el corazón. En esta meditación, te visualizas a ti mismo y a todos los seres a salvo, en paz, sanos y cumpliendo su destino. Descubrí que, si tienes dificultades con alguien y estás cerrando tu corazón, puedes practicar esa meditación para volver a abrir tu corazón hacia esa persona.

—Este tipo de meditaciones que abren el corazón –comentó Henry– me permiten establecer coherencia emocional en el corazón y expandir el campo energético. Al mismo tiempo, estas meditaciones liberan el corazón para que puedas escuchar mejor al alma.

—El neurocientífico Karl Pribram habla, como tú, acerca de la expansión del campo energético y de la participación del corazón en el proceso. Él dice que, si cambiamos la manera en la que nos sentimos con respecto a algo, cambian los patrones neuronales. El corazón, al igual que el cerebro, es un sistema de energía global que codifica y distribuye información holográficamente. Él indica que el procesamiento de la información se produce de una frecuencia energética superior, fuera del espacio-tiempo, en la que interactúan las ondas de energía que producen el corazón y el cerebro. Sus estudios muestran que tanto el corazón como el cerebro reciben información acerca de acontecimientos futuros, y que el corazón podría recibirla antes que el cerebro. Me genera curiosidad saber si tú estás involucrado en este proceso y, en ese caso, de qué manera.

—Estoy a cargo del proceso –replicó–. Normalmente, trabajo con el corazón para distribuir la información al resto del cuerpo físico. Al mismo tiempo, trabajo fuera del espacio-tiempo para distribuir esa misma información en el reino astral y causal. En estos reinos superiores los humanos perciben intuitivamente información sobre acontecimientos futuros y muchas otras cosas, como por ejemplo qué sentimientos tiene alguien con respecto a ti. Cuando te conviertes en co-creadora de tu propia transformación espiritual, que es el objetivo de todas nuestras conversaciones, desarrollas los dones intuitivos significativamente.

Allí terminó la conversación. Al contemplar lo que conversamos acerca del cerebro y el corazón, descubrí que se habían involucrado distintas partes de mi cuerpo. Cuando hablamos sobre el cerebro el día anterior, estaba más involucrada mentalmente y, cuando hablamos sobre el corazón, estaba más involucrada emocionalmente. Me encantan las ideas nuevas, por eso sentí que estaba esforzándome por abarcar la mayor cantidad de información posible sobre el cerebro. Sin embargo, cuando hablamos sobre el corazón, profundicé en mi interior para notar cómo se sentía la información. La charla sobre el cerebro fue más yang u objetiva, y la del corazón más yin o subjetiva. Se vieron estimuladas distintas partes de mi cuerpo físico pero, luego de haber tenido ambas experiencias, pude mantener sin esfuerzo un estado neutro-positivo, contemplativo y coherente.

15

CONSEJOS DEL DR. HENRY PARA SANAR EL CUERPO

Hay más sabiduría en tu cuerpo que en tu filosofía más profunda.
— FRIEDRICH NIETZSCHE

Al día siguiente sufrí un bajón emocional. Dos meses atrás, mientras cenaba, se me rompió un diente justo por debajo de la línea de la encia. No se veía nada bien. Como el mundo se encontraba en medio de una crisis de salud generalizada que exigía mantener la distancia, el dentista no podía atenderme.

Mientras tanto, mi pareja, experto en dientes dado que atravesó numerosos procedimientos dentales, no dudó en decir: «No se ve bien, necesitarás una endodoncia seguramente».

Como nunca me había sometido a una endodoncia, y al haber leído muchos estudios acerca de los posibles efectos negativos a largo plazo que tiene sobre la salud general, ese no era el mensaje que más quería escuchar. ¿Qué haría? Comencé a hablarle a mi diente y le pedí que no me diera ningún dolor. Y me escuchó.

—El nervio tiene que estar muerto para que no te duela — comentó mi pareja.

—No –repliqué–, está vivo y sano. El nervio se retrajo un poco de la superficie expuesta de mi diente para que no sufra ningún dolor hasta que me atienda el dentista.

Hace una semana, mi dentista pudo recibir pacientes otra vez. Después de examinarme rápidamente, declaró: te faltan tres cuartos del diente, necesitarás una corona. Debo construir el diente para hacer la corona porque quedó muy poca superficie dental natural. Recomiendo que hagamos un tratamiento de conducto porque hay altas probabilidades de que el nervio muera. Puede que esto suceda en unas semanas o en años, pero es más complicado realizar el tratamiento de conducto una vez que ya se colocó la corona.

Me dio una semana para evaluar la situación y decidir. Que me colocara una corona dental no me molestaba. De hecho ya tenía muchas que me duraron décadas, y no necesité ningún tratamiento de conducto para ninguna de ellas. Durante la semana, vi videos en YouTube acerca de los pros y las contras de los tratamientos de conducto. Estos videos confirmaron mis preocupaciones acerca de que el tratamiento afectase negativamente mi salud general. Sin embargo, mi mayor preocupación era espiritual. Estaría eliminando algo que pertenecía a mi cuerpo. Decidí preguntarle a mi raíz.

—¿Qué chances hay de que mueras si no recibo un tratamiento de conducto? –le pregunté.

—Alrededor de un 70% de vivir y un 30% de morir –respondió con claridad.

Por ambas razones, decidí confiar en que la raíz viviría y por lo tanto pedir que me colocaran una corona únicamente. Pero todo cambió el día de la cita con el dentista. Él reiteró sus preocupaciones al mostrarme la radiografía del diente dañado para que pudiera ver qué tan cerca del nervio se había roto. Esto significaba que el daño en el nervio era grave y que era muy probable que muriera, si no mañana, en unos días. Aunque no me presionó, me decidí por el tratamiento de conducto.

Esto es lo que sucedió. Hablé con el diente mientras el dentista se preparaba y entendió. Fue casi como si fuera consciente de que esto podría pasar. No estaba feliz pero no me culpó. Cuando me inyectaron la anestesia, Henry vino a acoger el nervio y se durmió. Incluso supe en qué momento quitaron el nervio de mi cuerpo porque lo vi mientras ocurría. Henry lo llevó hacia la luz y todos los demás nervios de los otros dientes lo apoyaron durante el proceso. Y yo... sentía que le había quitado la vida y me resultaba difícil emocional y espiritualmente. Le agradecí continuamente por todos los años que me ayudó a masticar y disfrutar de la comida. Sin embargo, seguía sintiendo angustia. Me di cuenta de que lo que más me dolía era haber matado algo que era parte viva de mi cuerpo. Este sentimiento no se me iba así que decidí hablar con Henry.

—Siento que traicioné a mi diente –abrí la conversación.

—Es natural que sientas esto, pero ¿has considerado la posibilidad de que tu diente dio su vida voluntariamente para que puedas experimentar esto mientras trabajas conmigo? –respondió Henry.

—Incluso aunque sea verdad que el diente decidió sacrificarse para enseñarme esta lección, no puedo negar que su muerte en parte es por mi culpa.

—Está bien, tampoco es que deberías negarlo. Es bueno que honres su vida. Así deberías sentirte cada vez que tomas la vida de cualquier ser, ya sean plantas o peces.

—Entonces, ¿qué lección quisieron darme el diente y tú?

—Que aprendas cómo se siente el cuerpo con respecto a la enfermedad, a las dolencias y a la muerte. No hemos hablado de este tema, que es muy importante.

—Creí que el énfasis estaba en mantener sano el cuerpo con pensamientos y sentimientos positivos.

—No puedes quedarte en los pensamientos y sentimientos y negar lo físico. También tienes que hablar con el cuerpo para ver lo que tiene para decir.

—Muy bien. ¿Cómo empezamos? –concordé.

—Empecemos –replicó Henry– examinando cómo se siente tu cuerpo con respecto a que le hayan quitado un órgano. Cada órgano tiene una función específica y es parte del todo. Eliminar una parte altera la armonía de todo el cuerpo.

—Concuerdo contigo en teoría, pero si tienes el apéndice inflamado, cálculos biliares o cáncer de próstata, ¿no es mejor extirpar el órgano? Se que dirás que es mejor corregir esos problemas cambiando los pensamientos que uno tiene. Estoy de acuerdo, pero ¿qué ocurre si el órgano está muy enfermo y, si no lo extirpas quirúrgicamente, mueres?

—En ese caso, debes extirparlo. En el futuro, los humanos aprenderán a corregir los trastornos y enfermedades mediante el pensamiento, y esto no será ya un problema. Sin embargo, en la etapa actual de conciencia, extirpar un órgano a veces es necesario. Aún así... luego debes entablar una conversación con ese órgano específico y con tu cuerpo acerca de lo sucedido. Puede que se sientan traicionados. De hecho, es algo muy probable que ocurra, si no realizas una sanación interior.

—¿Qué es una sanación interior? –pregunté.

—En un estado calmo y meditativo, discúlpate ante el órgano y ante tu cuerpo. Si es posible, hazlo antes de entrar en cirugía. Agradécele al órgano por haberte acompañado en tu vida y envíale gratitud por todo lo que ha hecho. Observa y siente cómo la gratitud y el amor envuelven ese órgano y todo tu cuerpo. Al hacer esto, descubrirás que ese órgano probablemente aceptó tu decisión. Escucha cualquier consejo que te de el órgano o tu cuerpo acerca de atravesar la cirugía o algún otro tratamiento y respeta sus deseos lo mejor que puedas. Luego de la cirugía, visualiza que el órgano está sano y entero en el reino etérico para que la herida física no afecte el patrón etérico de tu cuerpo en otra vida.

—Eso es muy útil –dije–. Me recuerda que la razón por la que podemos llegar a tener alguna enfermedad, trastorno o debilidad en ciertos órganos en la vida actual es porque recibieron algún daño en vidas pasadas. Una buena amiga mía tuvo problemas dentales toda su vida. Cuando era joven, el dentista le extirpó dientes que no tenían caries. Más tarde, quiso entender el origen de su problema dental, por lo que acudió a un terapeuta de regresión a vidas pasadas. En la regresión, vio que había estado en un campo de concentración y que, cuando murió, le extirparon los dientes para extraer el oro en ellos.

Debo decir que la historia de mi amiga me resuena. Yo también he tenido muchas caries y arreglos cuando era niña pero en los últimos 30 años, desde que reemplacé los empastes de amalgama con coronas de oro, mis dientes están en excelente estado. Incluso contar esta historia me lleva hacia dentro de mi cuerpo, a un nivel más profundo. Tuve que quitarme las amalgamas porque sufrí de quemaduras espontáneas de segundo grado durante 10 años. ¿Puede ser que haya estado en un campo de concentración, que haya muerto en una cámara de gas y que hayan incinerado mi cuerpo?

—Finalmente has entendido la correlación –respondió Henry con seriedad–. Por esto es que quiero que los humanos se reconecten con las mismísimas células y órganos del cuerpo físico que habitan. Allí están registrados los recuerdos y los traumas de la vida actual y de las anteriores desde el principio de los tiempos.

—¿Cómo corregimos los problemas de un órgano o de una enfermedad en esta vida si el problema se originó en una vida pasada, sobre todo si se originó hace 3 mil millones y medio de años en el caldo primordial cuando surgió la mitocondria?

—El tiempo histórico no tiene relevancia. Puedes sanarte un trauma de esta vida o un patrón antiquísimo mediante el perdón. Perdona todo lo que tú u otras personas han hecho para lastimar tu cuerpo. Esto no es solo para sanar heridas de vidas pasadas, sino para la actual también. El perdón corrige el patrón hacia atrás en el tiempo y a todos los niveles de existencia. Si haces esto, sanas el patrón etérico y así yo, la inteligencia corporal, no tendré que recrear debilidad y enfermedades en cuerpos futuros.

—Me alegro de que se pueda corregir esto en vidas futuras, pero ¿podemos modificar el cuerpo físico en esta vida?

—A veces sí, a veces no –respondió–. Depende de tu destino y de la fuerza y frecuencia de tus pensamientos. Por ejemplo, ¿qué tanto crees en que puedes curarte?

—He ahí el problema –repliqué–. Sayer Ji, en su revolucionario libro *Regenérate,* parte de los últimos estudios hechos en las nuevas disciplinas de biofísica y en la nueva biología, descubrieron que cada mitocondria dentro de cada célula del cuerpo tiene el potencial eléctrico equivalente al de un rayo de tormenta. Por esta y otras fuentes, se que los humanos tenemos el potencial de ser inmortales como parece serlo Babaji en la India. Si todas esas cosas son posibles, debe ser posible sanar mi cuerpo de cualquier mal. Mi problema es que, cuando las cosas se ponen feas, siento que no puedo hacerlo.

—Tu problema es temporal. En esta época, la ciencia tradicional del colectivo humano niega estas posibilidades pero las nuevas ciencias emergentes apoyan esta creencia y, en última instancia, reemplazarán al paradigma colectivo actual.

—¿Podrías decirme en qué etapa se encuentran la mayoría de las personas? –pregunté, antes de agregar–. Creo que eso sería útil.

Henry hizo una pausa como si estuviera considerando cuál sería la mejor respuesta. Finalmente, dijo:

—¿Qué tal si creyeras que todas las enfermedades y afecciones del cuerpo son consecuencia de cuestiones físicas? En ese caso, te inclinarías a buscar únicamente soluciones físicas, como tomar remedios recetados, comer otros alimentos u operar o extirpar el órgano afectado. Dejarías el diagnóstico y la cura en manos de los médicos. En general están entrenados para tratar síntomas en lugar de causas y únicamente el área que muestra señales de la enfermedad en lugar de tratar todo el cuerpo como un todo. La solución más efectiva es examinar el efecto que pueden estar teniendo sobre el problema tus pensamientos y sentimientos y cómo, modificándolos, podrías sanarte.

—Esa es una solución a largo plazo pero no sirve ante una emergencia médica. Igualmente, entiendo tu punto. Volvemos al tema de que cambiar nuestras creencias sobre nosotros mismos y sobre el mundo es la clave para sanarnos.

—Así es. Sin embargo, existe otra forma en la que se puede originar una enfermedad que quiero mencionar. Algunas condiciones físicas tienen conexiones genéticas con tu familia porque los pensamientos y sentimientos que causaron esa enfermedad se originaron en ella. Puede que no sea tu madre ni tu padre, sino que se haya originado en tus ancestros. Al sanarte a ti misma, borras la causa original y sanas la marca grabada en el éter de toda tu familia, hacia el pasado y hacia el futuro.

—Entiendo lo que dices porque, aunque he podido sanar muchas afecciones físicas, no pude sanar la artritis que tengo en las manos. Mi madre y mi abuela también la tuvieron. Además, vi en una vida pasada que la artritis se produjo durante una vida en Irlanda en la que pasé mucho hambre. Me vi cavando en la tierra con las manos para encontrar solamente papas podridas. Me sentía totalmente impotente y desesperanzada al ver a mi familia pasando hambre. Entiendo que las causas de las enfermedades y trastornos tienen varios niveles. No es que existe una solución para todas.

—Noté que tú, como todos los humanos, buscan una panacea de blanco y negro. Los problemas físicos pueden tener muchas causas, y todas pueden ser correctas. Recomiento que hables con tu cuerpo y con todos los órganos sobre las razones por las que no están funcionando bien, y no te obsesiones con una razón puntual. Haz lo que te sugiera tu cuerpo para sanar y, si el dolor continúa, pregúntale a tu cuerpo porqué sigues teniendo este problema. Puede que con el tiempo descubras muchas razones. A medida que haces lo que sugiere tu cuerpo, borras la causa a nivel celular. Continúa haciéndolo, y ábrete a escuchar los comentarios que haga tu cuerpo al respecto. A veces, puede que el problema empeore antes de que te recuperes porque estás activando capas del patrón etérico que lo traen a la conciencia para sanarlo.

—Muy bien, pero ¿qué pasa cuando vas al médico y te dice que necesitas una cirugía?

—Ir al médico es una buena idea porque recibirás otra opinión, que será un diagnóstico profesional de tu problema, y opciones sobre cómo recuperarte. No te sugiero que rechaces las cirugías ni la medicación, sobre todo si la medicación tiene que ver con tu dieta o es a base de plantas. Puede que sea necesario. Lo que recomiendo es que descubras las raíces del problema y corrijas los pensamientos y sentimientos que lo causaron.

—¿Hay alguna otra cosa que pueda originar enfermedades y trastornos que desees mencionar?

—Solo una, por ahora –replicó Henry–. Puede que sufras de un padecimiento debilitante para enseñar a las personas a que abran más su corazón. Por otro lado, puede que seas vaga y tengas una autocompasión desmedida que te lleve a desarrollar una enfermedad para que otra persona tenga que cuidarte.

—Entonces, ¿lo que dices es que debemos ser radicalmente honestos con nosotros mismos para descubrir porqué nos enfermamos para sanarnos?

—Así es. La sanación es un proceso físico, emocional, mental y espiritual y la situación de cada persona es única. Debes escuchar a tu propio cuerpo para sanar y a veces no sanarás porque no es tu dharma, y debes soltar el apego a sentir que hay algo malo en ti por no poder sanarte a ti misma.

—¿Podríamos analizar distintas enfermedades y problemas de cada órgano para entender mejor las posibles raíces y soluciones?

—Buena idea, pero mejor dejémoslo para el final del libro como un resumen. Para ustedes es muy grande la tentación de obsesionarse con SUS problemas y pasar por alto el punto principal que quiero comunicar, que es que hablen con su propio elemental del cuerpo. Cada uno de ustedes es único, así que deben encontrar sus propias soluciones. Todo lo que podemos hacer con el resumen es señalarles en qué dirección ir.

»Como ya dije, a veces curar los dolores físicos no es un objetivo dentro del plan del universo. En esta etapa de la evolución, casi todos morirán. Es importante que no veas la muerte como un fracaso, sino como una transición hacia otro reino en el que también estarás consciente y viva. Mientras estas en un cuerpo físico, ámalo, celébralo y perdónalo por cualquier dolor que tengas. Es un maestro. Para cumplir tu destino con energía y alegría, estudia cómo interactúan tus pensamientos y sentimientos con el cuerpo físico para maximizar la salud física.

—Me alegra que hayas introducido el tema de la muerte porque la mayoría de las personas le tiene terror. Especialmente si es dolorosa o si se pierde de alguna manera no natural. Recuerdo que mencionaste que el miedo a la muerte es un miedo del ego, pero eso no hace que el miedo desaparezca. ¿Tienes algo que decir para reducir el miedo a morir?

—Hablemos de la muerte en relación con la noche oscura del alma. Ya mencionamos varias veces que toda la humanidad está atravesando una noche oscura del alma actualmente. Esta transición global implica la muerte del antiguo orden mundial y sistema de creencias y el nacimiento de la nueva perspectiva mundial de la humanidad ya despierta. En definitiva, esta transformación afectará a todos. El viaje a la conciencia comienza enfrentando el mayor miedo que todos tienen en común. La muerte. Muchos de ustedes temen morir porque el ego, con el que se identifican, cree que la muerte implica el fin de la mente, los sentimientos y el cuerpo. Incluso si crees en la vida después de la muerte, el ego no puede concebir un estado incorpóreo y se resistirá a esta transición lo más que pueda. Al entregarse al proceso de muerte, como hace la oruga en el capullo, te conviertes en una participante y cocreadora activa en el proceso. De esta manera, el proceso es más rápido y más fácil porque fluyes con tu destino y no te resistes a él.

—Si entiendo correctamente, muy pocas personas mueren físicamente cuando atraviesan la noche oscura del alma, entonces ¿por qué asocias este proceso a la muerte?

—La muerte no es solo física –replicó Henry–. Mueres en el reino causal-mental cuando abandonas creencias antiguas, puntos de vista y pensamientos. Mueres en el reino astral-emocional cuando sueltas tanto miedos y emociones negativas como el apego a la felicidad, la paz, la alegría, la dicha y otras cualidades que crees que vienen con la iluminación. Ya hemos hablado de esto en detalle. A medida que lo haces, el cuerpo astral y el cuerpo mental se transforman. Y atravesarás muchas veces las mismas etapas, como la negación, el enojo, la negociación, la depresión y la aceptación, igual que lo haces con la muerte física. Estas etapas no son estáticas, sino que vas y vuelves sobre ellas hasta que llegas finalmente a entregarte a la voluntad universal sin condiciones. Este proceso transformacional afecta al cuerpo físico y hace eco del proceso de muerte en los otros reinos. No hay separación.

—No había pensado en esto.

—Eso se debe a que sigues siendo víctima de la común condición humana de separarte de la conciencia universal, de la naturaleza y de considerar que tu cuerpo astral, causal y físico están separados. A medida que disuelves la idea del ego de que tienes una identidad separada, que sucede en la etapa final de la muerte, la sensación de separación termina en todos los niveles.

—Esto es muy útil –dije, profundamente movilizada, ya que sentí que algo se liberó dentro de mí–. Siento la verdad de tus palabras. ¿Tienes algo que decir para ayudar a reducir el miedo a la muerte física?

—Intentaré hacerlo, porque el miedo a la muerte contrae tu ADN y tu energía, y dificulta el proceso de soltar. Te recuerdo que cada célula de tu cuerpo muere cada siete años e incluso algunas, como las células de la piel, mueren muy rápido. Por eso, lo que piensas que «eres» ni siquiera existía hace siete años. El cuerpo es un patrón etérico, un holograma que recreas continuamente. Como ya dije, e incluso lo dice la ciencia, no eres física, sino que eres 99,9% éter. La muerte no es nada más que el cambio entre un estado y otro. Tal como el hielo, el agua y el vapor son aspectos del mismo elemento en distintos estados, cuando «mueres» físicamente, resucitas astralmente.

—Estos datos mentales son muy buenos –dije, para darle mi opinión a Henry–. Sin embargo, buscaba una respuesta más compasiva o espiritual.

—Ahhh –comenzó–. Cada célula de tu maravilloso cuerpo vive constantemente en el flujo de nacer y morir. Las células no tienen resistencias ni preferencias porque están en unión con la conciencia universal. Y no existe separación entre el reino físico, astral y causal. Cuando no tienes límites, estás en el flujo de la conciencia. Te mueves en armonía con la inhalación y la exhalación, el nacimiento y la muerte de todos los estados y vives en «lo que es». Este estado es el de la Gracia y el Amor. Es un estado en el que uno se entrega pero no pierde nada. Cuando mueres en el reino físico, vives en el reino astral. Luego, reencarnas otra vez, mueres en el astral y vives en el físico. No existe la muerte. Solo existe la vida en distintos estados. Cuando te unes a la conciencia te das cuenta de que eres inmortal. No existe la muerte.

Las palabras de Henry me conmovieron profundamente. Me había ayudado a ver que la noche oscura del alma era un proceso de muerte en todos los niveles. También me recordó que hable con mi cuerpo y con mis órganos con frecuencia. Normalmente hablaba con mi cuerpo solo cuando tenía un problema que no podía solucionar yo misma. Daba por sentada mi buena salud y mi cuerpo. Comía cosas que me gustaban incluso si no eran sanas, y no ejercitaba lo suficiente. También tenía la costumbre de pensar que Henry era un ser etérico y no parte de mi cuerpo físico. Esto me hizo ver todas las maneras en las que abandoné a mi cuerpo. Es irónico que yo tenía miedo a que otros me abandonaran pero nunca me había dado cuenta de que yo era la abandónica. Sin embargo, supe en mi interior que mi cuerpo me perdonaba y que solo deseaba que lo acepte y abrace totalmente. Qué regalo fue descubrir esto.

16

DESCUBRE LA CONCIENCIA DE LOS ANIMALES, LOS PÁJAROS Y LOS PECES

Podemos juzgar el corazón de un hombre
por cómo trata a los animales.

— IMMANUEL KANT

Me sentía completa con todo lo que mi inteligencia corporal había revelado acerca de su asistencia en la evolución de los humanos, pero me daba curiosidad saber sobre su participación en la evolución de otras especies. Al día siguiente, decidí preguntarle.

—¿Los animales y las plantas tienen elementales del cuerpo? –comencé.

—Cada ser viviente tiene un elemental del cuerpo –replicó Henry–. Esto incluye a las plantas, los animales, los pájaros, los peces, los insectos y los minerales. El elemental del cuerpo es la inteligencia universal, es espíritu con forma. Como la forma existe en el reino físico, astral y causal, la inteligencia corporal está presente en todos esos planos.

—¡Wow! ¡Qué panorama magnífico! ¿Podemos entrar en detalles?

—Claro. La conciencia se divide en muchas formas físicas y esas formas evolucionan a medida que su conciencia interior evoluciona. Los humanos atravesaron una etapa animal en su evolución y, en realidad, la mayoría de los humanos continúa allí. Pero antes de la etapa animal, los humanos atravesaron una etapa vegetal y mineral. Las formas de esas etapas no tenían las mismas características que actualmente tienen las formas físicas de las plantas y los minerales, ya que la vida evoluciona constantemente junto con el entorno. Todos los seres vivos son células del cuerpo de la tierra. Ahora mismo, la

Tierra está en uno de los períodos de más baja frecuencia vibracional pero está aumentando para llegar al nivel que tenía en otro ciclo de su historia. Menciono esto porque no quiero que te obsesiones con la idea de que la evolución se da dentro de los plazos registrados históricamente.

—¿Podrías hablar más acerca de la conciencia de los animales, los pájaros y los peces y sobre cómo los ayudan en su evolucion sus elementales del cuerpo?

—Tal como con los humanos –respondió Henry–, los elementales del cuerpo correspondientes entran en el cuerpo de los animales en el momento de la concepción o en la semilla fertilizada de una planta o de un árbol. Los elementales del cuerpo construyen a un ser único con la información que cada uno necesita para cumplir su propósito en esa vida. No hay dos árboles, flores, peces o animales iguales. Cada ser de cada especie nace en el ambiente correcto para desarrollarse según las leyes naturales (que son idénticas a las espirituales) de su especie. Podríamos decir que cada ser de cada especie tiene cierto karma rudimentario. Por ejemplo, algunos peces dorados pasarán toda su vida en acuarios recibiendo alimentos envasados y otros nacerán en lagunas naturales y podrán alimentarse de comida natural. Nada ocurre por accidente en ningún nivel de la evolución.

—¿Los peces tienen libre albedrío para desarrollar un nivel de conciencia que afecte el lugar en el que nacerán?

—Los peces no tienen el mismo grado de libre albedrío que tienen los humanos o los animales. Pero tienen más inteligencia emocional y mental de la que le reconocen los humanos, y un salmón criado en una granja de peces tiene una vibración más baja que uno que vive en la naturaleza. La inteligencia aumenta con la estimulación, por lo que un salmón que entra al océano encuentra una mayor diversidad de comida, climas y otras especies de criaturas del océano que un salmón que vive en una granja de peces. El elemental del cuerpo registra todo lo que aprendió el pez durante su vida y, cuando el pez muere, la inteligencia le entrega este registro a los seres que supervisan la evolución de la Tierra para acelerar la conciencia de toda la especie del salmón y de ese salmón individual.

—¿Y luego ese salmón reencarna con el mismo elemental del cuerpo? –pregunté.

—La respuesta es sí y no. Por regla general, los seres de una especie pasan de tener una conciencia grupal a una conciencia individual a medida que suben por el espectro de la inteligencia. Además, quiero mencionar que la mayoría de los humanos, en la etapa egoica de evolución en la que se encuentran, están más adoctrinados con la conciencia grupal de lo que se imaginan. Muy pocos humanos están libres de la creencias de la cultura, religión y país en el que viven.

—Se me ocurrió el ejemplo perfecto para ilustrar lo que dices —comenté—. Los humanos consideran que los invertebrados son menos inteligentes que los animales. Pero descubrir que los pulpos tienen la inteligencia de un niño de dos años desafió todos mis propios prejuicios. En un experimento para evaluar la inteligencia, los científicos pusieron a un pulpo en un tanque y su comida favorita, cangrejos, en otro. Le dieron al pulpo distintas tareas para evaluar sus habilidades y lo recompensaban con un cangrejo. Al pulpo le iba muy bien en las pruebas, y un día pasó algo totalmente inesperado. Los científicos notaron que la cantidad de cangrejos disminuía durante la noche. Decidieron bajar las luces para simular las condiciones nocturnas. Entonces, observaron desde detrás de una persiana para ver qué pasaba. El pulpo trepaba el tanque, salía de él y se bajaba por una pata de la mesa hasta llegar al suelo. Desde allí, subía por una pata de la mesa en donde estaban los cangrejos y entraba al acuario. Te imaginas lo que sucedía a continuación. El pulpo disfrutó una deliciosa comida y luego volvió a su tanque por el mismo camino por el que había salido.

Uno se pregunta cómo se podría evaluar la inteligencia de los pulpos y de otras criaturas acuáticas si las observáramos sin nuestros prejuicios humanos que se basan en si estas otras especies desempeñan las tareas que les damos de una manera humana. El otro día miré un documental llamado *Mi maestro el pulpo* que trata de un hombre que interactuaba diariamente con un pulpo salvaje que vivía en un lecho de algas marinas en Sudáfrica. Aunque el pulpo solo vive uno o dos años y no aprende de sus padres, es increíblemente inteligente y tiene tres cuartos del total de sus neuronas en los brazos que, si se lastiman, vuelven a crecer en pocas semanas. El hombre observó que para evadir a un tiburón cazador, el pulpo primero trepó a una roca. Después de un rato tuvo que volver a entrar al agua, pero el tiburón seguía allí. Entonces el pulpo se enrolló en forma de bola y se cubrió con conchas de mar como armadura. Cuando el tiburón lo sacudió para desarmarlo, el pulpo trepó hasta subirse al lomo del tiburón y se quedó allí hasta que pudo escaparse hacia un lecho de algas marinas cercano.

—Esa es una gran historia acerca de los prejuicios que tienen los humanos sobre los seres que no son como ellos –observó Henry, sonriendo–. Durante el proceso de transformación espiritual, debes examinar tus creencias una tras otra, empezando por las más obvias y avanzando hacia los juicios y creencias más sutiles que tienes sobre ti misma, otros humanos y otros seres de este y de otros planetas. Las creencias no están aisladas, sino que son parte de un paradigma más grande. Cuando cambias una cantidad notable de creencias dentro de un paradigma, se produce un salto cuántico hacia una frecuencia más alta de conciencia.

—Creo que tengo otra creencia errónea relacionada a este paradigma del que hablamos. Me pregunto si los seres que paren a sus crías vivas son más evolucionados en conciencia que aquellos que ponen huevos, como los pájaros, la mayoría de los peces y las plantas.

—Puedes responder tu propia pregunta –respondió–. Tanto los peces dorados como los tiburones paren a sus crias y los salmones ponen huevos. ¿Los salmones son menos inteligentes que los tiburones? Veo que dudas en responder, así que haré una pregunta más obvia. Todos los pájaros ponen huevos. ¿Crees que eso los hace menos inteligentes que los áfidos que paren a sus crías?

—Entiendo tu punto. Parece que no hay ninguna relación directa entre la inteligencia y parir a las crías. Quizás, una vez más, estoy observando a todas las especies mediante el cristal equivocado, basado en que los humanos paren a sus crías, que crea en mí el prejuicio de que tener esta capacidad significa que se tiene una mayor conciencia.

—¡Exactamente! –respondió Henry.– Este prejuicio humano sucede inconscientemente, minuto a minuto, incluso les sucede a los científicos que estudian otras especies, por lo que sus conclusiones suelen ser imprecisas.

—¿Existe una mejor manera de evaluar la inteligencia o, mejor, la conciencia? ¿Algo como medir el tamaño del cerebro? –pregunté con curiosidad.– Los elefantes son muy inteligentes, y su cerebro, como el de los delfines, son casi tan proporcionales al peso total del cuerpo como el de los humanos. Por ejemplo, tanto los elefantes como los delfines pueden resolver problemas complejos. Además, las ballenas jorobadas, otro cetáceo, tienen la tradición oral de contar historias, en la que los machos de cada vaina repiten sus complicadas y únicas canciones año tras año con diferencias sutiles pero claramente notables.

—Aunque suele haber una correlación entre el tamaño del cerebro y la inteligencia, esa no es la única manera de evaluarlo –replicó Henry–. Porque si lo fuera, ¿en qué nivel de conciencia crees que estarían las musarañas, que tienen un cerebro más grande que el de los humanos en comparación con su peso corporal?

Ansiosa por evitar tener que compararme con una musaraña, cambié el tema:

—Si no es el tamaño del cerebro, ¿qué hay de la complejidad? Por ejemplo, los delfines y las orcas tienen más circunvoluciones en la corteza cerebral que los humanos. Además, los rorcuales aliblancos tienen más células gliales que, según recuerdo de nuestra charla anterior, predicen inteligencia.

—¿Estarías dispuesta a decir que son más inteligentes que tú? –insistió Henry.

—Admito que me incomoda pensar eso. Sin embargo, pensarlo me genera más curiosidad sobre cómo se puede evaluar entonces la inteligencia y la conciencia.

—Quiero que hagas esto –destacó–. Los humanos retrasaron la evolución de la conciencia de muchas especies por los pensamientos limitados que tienen sobre ellas.

—No entiendo. ¿Cómo pudieron hacer eso nuestros pensamientos?

—Sus egos y mentes tan fuertes crearon formas-pensamiento capaces de modificar el ADN de otras especies según su visión de ellas. Los pensamientos que tenemos sobre los demás tienen mucho poder. Es necesario soltar todos los prejuicios y relacionarnos con los miembros de otras especies con la mente renovada. En muchos casos, los humanos negaron la inteligencia de otras especies porque querían comerlas.

Reconocí la verdad en las palabras de Henry y me di cuenta de lo cierto que era. Aunque no había comido carne de res ni cerdo por décadas, confieso que comí pescado y ocasionalmente cordero o pavo. La única manera en la que puedo comer estas carnes es evitando pensar en el animal entero. Sin embargo, mi cuerpo a veces desea esta comida. Me quedé pensando... ¿está mal comer animales?

Henry, consideradamente, no hizo alusión a mis sentimientos de culpa o a mi pregunta interior, sino que los rodeó preguntando:

—El cerebro de los pájaros se desarrolló de una manera muy distinta a la de los humanos y la de otros mamíferos. ¿Son menos inteligentes por eso?

—Amo a los pájaros y me encanta aprender sobre ellos –respondí, con ganas de recuperar mi buen humor–. Al principio, solo me interesaba aprender sobre la familia de los loros porque vivía con un perico, una cacatúa y un tórtolo, que volaban por toda la casa. Su inteligencia era increíble y cada uno tenía su propia personalidad. Mi periquito, Perry, decía oraciones completas y le encantaba molestar al perro hasta obtener una respuesta. Además, los loros (según la visión humana) tienen la inteligencia de un niño de por lo menos dos años. Se les puede enseñar a ir al baño, contar, mantener una conversación completa y, lamentablemente, pueden contraer una enfermedad mental si se los maltrata.

»Mi interés y amor por los pájaros de la familia del loro se expandieron hasta incluir a todos los pájaros. Aprendí que el cerebro de los pájaros, como mencionaste, es muy distinto al de los humanos. A diferencia del nuestro, cuyo neocórtex alberga la mayor inteligencia, los pájaros tienen un reborde dorsal ventricular que supervisa tareas similares a la de nuestro neocórtex, lo cual le permite a algunos pájaros, como los cuervos, hacer cosas que incluso los primates no pueden hacer. Los cuervos, por ejemplo, tienen 80 cantos diferentes, son leales a sus compañeros y tienen una memoria a largo plazo que les permite identificar tanto amigos como enemigos o individuos que no les agradan. Confieso que fue difícil dejar a un lado mis prejuicios hacia las palomas porque no me gustan. Aprendí que las palomas entrenadas en la Universidad de Ruhr-Bochum pudieron identificar 725 imágenes abstractas distintas y categorizarlas como buenas o malas.

—El proceso que tú haces para eliminar un prejuicio es el método más común para los humanos –comentó Henry–. En primer lugar, te llama la atención aprender más sobre algo que te gusta, en este caso, loros. Lo que aprendes elimina los prejuicios que puedas tener sobre ellos y, con esta actitud de apertura, luego examinas toda la especie, y así eliminas tus creencias erróneas acerca de esa especie.

»Cuando tienes prejuicios erróneos y limitas y degradas la inteligencia de otras especies, tratas a estos otros seres como cosas para comer, para experimentar o para destruir activamente. Cuando corriges tus prejuicios, permites que se desarrolle la inteligencia de estas otras especies. Pero ¿crees que la inteligencia es lo mismo que la conciencia?

—La ciencia –repliqué– está descubriendo que los animales tienen una amplia gama de sentimientos además de inteligencias. Algunos son similares a los sentimientos humanos y otros son muy distintos. Jane Goodall, conocida por su trabajo con chimpancés, dice que los chimpancés se diferencian de los humanos genéticamente en solamente un 1%, aunque otras fuentes que consulté dicen que en un 2%. ¿Tiene alguna relevancia una diferencia tan pequeña? Lo más importante es que se les ha enseñado lenguaje de señas a chimpancés y a gorilas y , mediante este medio de comunicación común, se probó lo inteligentes que son. Se «hablan» a sí mismos cuando están solos y cuentan historias propias y de otros, tal como hacen los humanos. Los chimpancés incluso reconocen a personas que no han visto en diez años y recuerdan experiencias compartidas.

—Para los humanos –respondió Henry– es más fácil identificarse con chimpancés y gorilas porque tienen caras similares a las humanas. Comer carne de primate estaría entre las últimas opciones en una lista de alimentos, mientras que la mayoría de los humanos no sienten lo mismo necesariamente con respecto a un cerdo o una gallina.

Me di cuenta, a través de este ejemplo tan chocante, que me estaba pidiendo que profundice en qué constituye la conciencia.

—La inteligencia emocional, más que la intelectual, puede ser un mejor indicador de conciencia –propuse–. Los animales sienten dolor, lealtad, amor, vergüenza, enojo y angustia. Sienten miedo y buscan seguridad, igual que los humanos. Incluso tienen emociones más elevadas como el altruismo. Por ejemplo, se sabe que los elefantes, los delfines, los perros y los gatos ayudan a quienes estén en problemas, y no solo a los de su propia especie sino a los de otras especies también.

»Existen muchos ejemplos de animales que simpatizan con un miembro de otra especie. Una de las historias más fascinantes, citada en el libro de Peter Wohlleben, *La vida interior de los animales,* ocurrió en el Serengueti en África. En este lugar, los perros salvajes y las hienas compiten por el alimento, y se vio que una hiena joven se acercó al macho dominante de la jauría luego de que las hienas les robaran la comida. Aunque era extremadamente peligroso y la hiena no tenía nada que ganar, comenzó a lamer y acicalar al perro dormido casi como si intentara hacerlo sentir mejor. Lo que fue incluso más sorprendente es que el perro salvaje le permitió hacerlo durante un rato antes de rechazarla, y le permitió a la hiena retirarse sin lastimarla.

—Ese es apenas un ejemplo, pero existen miles más –continué–. Los perros, los cerdos, e incluso los cuervos, adoptan huérfanos de otras especies y, a veces, los alimentan. Basta con entrar a Facebook para ver historias de animales de una especie que son súper amigos con un animal de otra especie.

—Ahh –dijo Henry–. ¿Entonces solamente los mamíferos y los animales tienen sentimientos y conciencia?

—Los mamíferos, como lo humanos, tienen un cerebro límbico –respondí–, por lo que es fácil entender que experimentan todas las emociones que tienen los humanos, pero descubrimos que incluso los peces pueden tener emociones similares a las humanas. Los científicos descubrieron que los peces tienen oxitocina, la «hormona de los vínculos», que fortalece la conexión entre madre e hijo y de la pareja. Es fácil creer en esto porque los peces de mi estanque me conocen y confían en mí.

—Se que sientes que te molesto con mis preguntas a propósito –comentó Henry–, pero quiero que entiendas en profundidad porqué es crucial que los humanos cambien la manera en la que tratan a las demás formas de vida. Las mentes humanas son tan fuertes que crean formas-pensamiento sobre los animales e inhiben su desarrollo. Esto ocurre porque sus formas-pensamiento negativas superan a las positivas en cuanto a la evolución de las especies. Los humanos deben ser guardianes de este planeta y asistir a las otras especies para que desarrollen su conciencia, pero han estado haciendo lo contrario.

—Entiendo tu argumento y concuerdo. Sin embargo, recientemente, aparecieron biólogos, oceanógrafos y profesionales de otras disciplinas científicas que comenzaron a notar la inteligencia, las emociones y, por ende, la conciencia de otras especies. Creo que este es un avance importante en la dirección correcta. Has mencionado que los humanos desarrollamos el amor y la conciencia para ayudarnos a nosotros mismos y que, al hacerlo, naturalmente comenzamos a desear ayudar a otras especies.

Henry hizo una pausa antes de hablar.

—Durante la noche oscura del alma, que es el período que está atravesando la humanidad actualmente, su actitud hacia las demás especies se transformará radicalmente. A medida que se transforme la conciencia de la humanidad, se transformará la de las otras especies también.

—¿De qué manera exactamente se conectan esas dos transformaciones?

—Los elementales del cuerpo de todas las especies –replicó– están interesados puntualmente en que los humanos desarrollen la conciencia de otras especies y trabajarán en conjunto con ellos para lograrlo. Cuando amas y trabajas con animales, pájaros y peces, su conciencia aumenta. Los animales aceleran su evolución al asociarse con humanos. Muchos gatos, perros, pájaros, caballos y peces le muestran el camino al resto de su especie. Al asociarse con humanos se vuelven más conscientes y, cuando mueren, su grupo álmico absorbe esa conciencia ganada. Esto trambién agiliza el proceso de desarrollo emocional y mental de su especie.

—Entiendo que las «mascotas» ganan inteligencia al estar con humanos. Después de todo, la gente le habla a sus mascotas e incluso los trata como si fueran sus hijos. Pero suelo preguntarme si obstaculizamos la evolución de los animales en cautiverio. ¿Es así?

—Algunos animales y algunos pájaros que viven en zoológicos son avatares –respondió Henry–. Están allí para recordarles a los humanos su responsabilidad hacia las demás formas de vida sensibles. Por ejemplo, algunos delfines en cautiverio son bodhisattvas que se sacrifican para ayudar a que aumente la compasión que tienen los humanos hacia otros seres. Cuando estos animales avatar mueren, devuelven al grupo álmico lo que aprendieron y elevan la conciencia de su especie, tal como los humanos que se iluminan elevan la conciencia de toda la humanidad.

»Los animales emanan una sensación de presencia tal que te llevan a concentrarte en el aquí y ahora simplemente siendo como son. Te conectan con el ser. Los perros, los gatos, los pájaros y los caballos con quienes compartes la vida inspiran amor, gratitud, alegría, paciencia y compasión, todas cualidades que desarrollan la conciencia superior. Suficiente por hoy. Mañana exploraremos la conciencia de las plantas y los árboles.

Henry me había dado mucha información para digerir. Me pregunté cuántos puntos ciegos tendría en mis creencias sobre otras especies.

Mientras reflexionaba, me puse un sobretodo y salí a dar una caminata. Allí, parada sobre el césped, masticando pasto tranquilamente, había una cierva con su cervatillo. Me miraron como si fuera a espantarlos y, al percibir que me agradaba que estuvieran allí, se acercaron, bajaron la cabeza y siguieron comiendo.

17

DESCUBRE LA CONCIENCIA DE LOS ÁRBOLES, LAS PLANTAS Y LOS MINERALES

Los árboles no predican sobre saberes y preceptos. Ellos predican, sin entrar en detalles, la antigua ley de la vida.

— Hermann Hesse

Necesito contacto diario con la naturaleza para sentirme sana, respirar aire fresco y caminar entre los árboles. Decidí comprobar lo que percibía sobre la fuerza vivificante de la naturaleza con Henry.

—Yo soy la energía vivificante de la naturaleza –comenzó–. Ya sea que me consideres la Madre Divina o el espíritu corporal o el elemental del cuerpo, yo soy la inteligencia que construye todas las formas, y esa conciencia te nutre.

—También eres la conciencia de los animales domésticos, pero actualmente no recibo esa misma energía estimulante de ellos, aunque sí me agradan mucho. ¿A qué se debe esto?

—Una razón es que los animales domésticos requieren tiempo. Tienes que alimentarlos, pasearlos y bañarlos y, ahora mismo, te ocupas de demasiadas personas y cosas, y no quieres dedicar tiempo a nada más. Y por cierto, esto es perfectamente entendible, no es una crítica.

—Debo regar, desmalezar y podar mis plantas y eso me lleva tiempo, pero de alguna manera siento más motivación para hacerlo. ¿Algún comentario?

—Las plantas son dadoras de energía naturales –explicó Henry–. Son más evolucionadas dentro de su línea evolutiva que los humanos, que toman energía. Dar es una forma de amar y vibra más alto que tomar. Las plantas viven en armonía con la conciencia y sirven a otros, que es la ley de vida suprema. Durante el día, crean oxígeno para respirar y ofrecen sus cuerpos como alimento o leña para construir casas y muebles para tener un refugio y comodidad. Además, con su belleza, colores y aromas, te dan alegría.

»Si examinamos en detalle el reino vegetal, descubriremos que las plantas sirven a la Tierra y viven en armonía con ella. Todas las especies tienen una función especial en el planeta. Los miembros del reino vegetal, que incluye a los árboles, los vegetales, los granos, las flores, el moho, las algas y demás, son dadores. Las plantas dan de muchas maneras. Algunas dan calor, otras dan frío. El cactus del desierto da agua y frutas al viajero y se ha adaptado al entorno para continuar sirviendo. Algunas plantas proveen un portal hacia otras dimensiones, ya sean uvas para hacer vino u hongos y cactus que producen estados alterados de conciencia. Los aromas de algunas plantas, como la rosa, la lila y la lavanda, sanan distintas dolencias, tal como incontables plantas que son medicinales, las sanadoras del reino vegetal. Incluso las raíces de algunas plantas son comestibles, y también descomponen minerales en la tierra para que lo absorban nuevas formas de vida.

—Hablando de comer plantas, hay algunas que me gustan mucho pero hay otras que evito, aunque sean muy nutritivas por las vitaminas y minerales que proveen. ¿Por qué me sucede esto? ¿Debería comer las plantas que no me gustan?

—Para sus cuerpos –respondió– es más fácil comer los alimentos de su historial genético. Por tu sangre irlandesa, para tu cuerpo es más fácil digerir papas que arroz. Es por esto que prefieres comer papas aunque los nutricionistas digan que no es un alimento tan saludable. Al cuerpo le lleva varias generaciones cambiar de tener una dieta carnívora a una vegetariana. Como ya sabes, el Dalai Lama se enfermó cuando intentó volverse vegetariano, y tuvo que volver a comer carne.

»Además del historial genético físico, debes tener en cuenta el historial espiritual. Por lo tanto, si no te gusta la carne o tu cuerpo no lo necesita para mantenerse sano, hazle honor a tu intuición. Cada uno necesita comer cosas diferentes para mantenerse sano y, si escuchan a la conciencia corporal, sabrán qué alimentos son mejores.

—Mi huerta –dije– ha sido una de mis más grandes maestras en cuanto a escuchar la voz de la Madre Tierra. Siento que la comida que cultivo yo misma es más saludable porque no está modificada genéticamente ni rociado con químicos tóxicos y porque las cuido con amor y dedicación. Mi experiencia confirma lo que Peter Tompkins escribe en *La vida secreta de las plantas* sobre las pruebas científicas que demuestran que prosperan cuando les enviamos pensamientos positivos y se marchitan cuando les enviamos pensamientos negativos. Por ejemplo, descubrí que las manzanas, las zanahorias, las chirivías y el kale de mi huerta se mantienen vivos durante el invierno, y creo que es porque los amo y les envío gratitud. Incluso les pregunto a mis plantas qué fruto puedo recolectar para comer y, si alguno dice «no», no lo tomo.

—Más personas deberían cultivar su propia comida y hablar con sus plantas –propuso Henry–. Cuando demuestras gratitud y respeto por la vida de cada ser, la inteligencia corporal de esos vegetales recibe esa energía, y se la da a los vegetales para que, a su vez, tú la recibas en forma de nutrientes.

—Tengo una profunda reticencia, casi una repulsión, hacia los alimentos alterados genéticamente o que recibieron algún tipo de radiación. Uno de los más grandes fracasos de mi vida fue cuando, como asesora de gestión, me contrató la Junta de Energía Atómica de Canadá para liderar el retiro anual de los CEOs de su red mundial de plantas nucleares. Durante el retiro, los CEOs propusieron irradiar las frutas y los vegetales. Sentí con mucha intensidad que la inteligencia universal deseaba que yo evitara que sucediera eso, pero fracasé.

—Eras joven y eras una voz solitaria –Henry me interrumpió con compasión, para evitar que me autocriticara–. Nadie más podría haberlo hecho mejor y por eso el universo te puso en esa situación. Es muy difícil que las personas acepten ideas que van en contra de sus intereses financieros, que es lo que estabas haciendo. A pesar de sentir que fallaste, tu opinión acerca de los efectos negativos a largo plazo que producen los alimentos irradiados quedaron registrados en el reino etérico y ha crecido con el tiempo. Las personas suelen tener una visión errónea de sus éxitos y fracasos basada en un criterio de ganancia o pérdida. Únicamente en los reinos superiores se conocen realmente sus éxitos y fracasos.

—Aprecio tu voto de confianza pero también me interesa conocer tu opinión sobre la comida genéticamente modificada.

—Los humanos –dijo– alteraron la evolución del reino vegetal mucho más que cualquier otro reino. En la mayoría de los casos, los humanos no preven el impacto a largo plazo de lo que hacen al disminuir la variedad de especies intentando crear plantas que produzcan más. Cortan bosques milenarios para reemplazarlos con dos o tres especies de árboles. Plantan un solo tipo de trigo, crean frutas sin semillas y modifican genéticamente a los tomates para que tengan una piel más gruesa que soporte mejor el empaquetado. Matan todo lo bueno de la comida mediante la radiación e ingieren materia muerta cuando lo comen. Comer alimentos irradiados o modificados genéticamente (MG) son dos de las cosas mas perjudiciales para la salud que hacen los humanos actualmente. Este pensamiento cortoplacista debilita la compleja red de vida dentro de la que viven. Los elementales del cuerpo solo podemos trabajar con lo que nos dan para construir sus cuerpos. Los alimentos MG o irradiados no me permiten construir un cuerpo saludable.

—¿Hay algo que se pueda hacer con respecto a esto? –pregunté, preocupada.– La gente no suele tener muchas opciones para elegir qué comer. Por ejemplo, no todos tienen un espacio para cultivar sus alimentos o acceso a un lugar en el que puedan comprar productos orgánicos. Además, los productos que compran en los supermercados, incluso si están etiquetados como orgánicos, son de hace una semana o más, lo cual reduce el valor nutricional.

—Pedirle a Dios que bendiga la comida –respondió Henry– y comer lentamente y con gratitud son formas de elevar la vibración de los alimentos. Las plantas tienen más energía cuando crecen en su ambiente nativo. Por esta razón, es más energizante comer alimentos cultivados en la zona y también comer plantas de estación, si vives en climas fríos. Por lo tanto, es preferible comer tubérculos u hortalizas de raíz en invierno que comer lechuga.

—Me encanta la lechuga y las plantas de hoja verde –argumenté en desacuerdo–. No me imagino una vida en la que no coma ensaladas todos los días, incluso en invierno.

—Quizás di un mal ejemplo. Los animales, como los perros y los gatos, comen pasto en la primavera para desintoxicarse, y eso es lo que tú haces durante todo el año. No es una mala idea, ya que comer alimentos crudos, como las ensaladas, ayuda a digerir mejor los alimentos cocidos.

—Ya que hablamos sobre plantas, ¿podríamos hablar sobre los árboles, que son parte del mundo vegetal? Me imagino que cada especie de planta tiene su propio nivel de conciencia y que los árboles estarían en los niveles más altos. ¿Estoy en lo cierto?

—Las plantas evolucionan –respondió– individualmente y en grupo, y algunas especies son más evolucionadas que otras. Los Druidas hablaban de árboles sagrados, entre lo que se encuentran el roble, el tejo, el espino y el acebo. Al reconocer su sacralidad, los Druidas reconocieron su avanzada conciencia.

—Esto me recuerda –agregué– algo que leí de Jiddu Krishnamurti donde decía que nombrar a los árboles era una manera de no conocerlos realmente. Él explicó que cuando miras un árbol y dices: «Este es un roble» o «Este es un ficus», lo estás nombrando, gracias al conocimiento botánico que tienes, y que esto condiciona tanto a la mente que se interpone y no te permite experimentar realmente al árbol. Para conocer al árbol, debes tocarlo. Tuve muchas conversaciones con árboles viejos. Una de ellas fue con un viejo árbol del Sendero de los Apalaches en los Estados Unidos. Cuando le pregunté: «¿Qué aprendiste luego de estar aquí parado durante tantos siglos?», me contestó: «Que puedes quedarte en el mismo lugar y aprender todo lo que necesitas saber». Jamás olvidé sus palabras y siento que sería imposible negar su sabiduría.

—Ese árbol –comentó Henry– tiene una conciencia muy alta que evolucionó durante muchos años. Los árboles son maestros para los humanos y los ayudan a desarrollar la conciencia. No siempre los humanos son más avanzados.

—Me recuerdas otra experiencia fuerte que tuve con un árbol hace muchos años cuando estaba en el Parque Estatal Humboldt, que alberga un antiquísimo bosque de secuoyas. Las secuoyas han estado sobre la Tierra desde la era de los dinosaurios y tienen mucho que enseñarnos. Pueden crecer hasta los 100 metros de altura, son los árboles más altos de la Tierra. Además, la biomasa de los árboles tanto vivos como muertos de este bosque duplica la de las selvas. Estas secuoyas imponentes almacenan más dióxido de carbono que los árboles de la selva amazónica y le dan a la Tierra más oxígeno. Estos árboles viven entre 500 y 1200 años en promedio, aunque se sabe que algunos llegaron a vivir incluso 2200 años. Los árboles de este bosque me pidieron que hablara con el árbol que ellos llaman «abuelo» y «representante de los árboles». Abuelo es la secuoya más grande y antigua, no solo de este bosque sino se cree que de toda la Tierra.

—Comparte lo que te enseñó Abuelo por favor –dijo, con entusiasmo–. Su sabiduría beneficiará a muchos.

—Abuelo dijo –comencé– que, si los humanos desean ser longevos, deben ser duros. Entiendo que se refiere a que debemos ser flexibles (no insensibles) ante el entorno. Por ejemplo, la corteza de una secuoya madura tiene un grosor de hasta 30 centímetros, lo que les permite atravesar condiciones medioambientales adversas. Estos árboles pueden resistir los incendios y, de hecho, muchos de ellos han sobrevivido a incendios forestales y actualmente siguen vivos y sanos. Otro punto es que la corteza del árbol contiene un químico que es tóxico para los insectos, por lo que no pueden atacarlos. Nosotros, como ellos, debemos ser capaces de resistir las opiniones negativas que tengan sobre nosotros los demás y ser fieles a nosotros mismos. El mensaje que nos dan es que nos adaptemos a los cambios que enfrentamos para mantenernos sanos.

»El follaje de estos bosques milenarios es espeso, por lo que como las hojas de las ramas más bajas no reciben luz suficiente para la fotosíntesis, los árboles aprendieron a dejar que se desprendan. Solo las ramas más altas alcanzan la luz en un bosque tan viejo. Abuelo dijo que los humanos deben aprender a desprenderse de lo que ya no les sirve ni los nutre, tanto física como espiritualmente, si es que deseamos crecer fuertes y ser sanos y longevos como ellos.

»Estas secuoyas gigantes tienen raíces superficiales –continué–. Podrías creer que un viento los voltearía, pero no, porque alargan las raíces horizontalmente y las entrelazan con las raíces de los árboles cercanos. Cada árbol apoya y recibe el apoyo de sus vecinos y forman un sistema de interdependencia, una lección clave para los humanos también. Como la interdependencia nos fortalece, debemos unirnos con personas similares para cocrear un mundo sustentable a largo plazo para todos.

—Los árboles antiguos –comentó Henry–, como Abuelo, son fuentes de sabiduría para los humanos. Fuiste sabia en recordar sus palabras porque su inteligencia corporal hablaba con la autoridad de la conciencia universal.

—Cuando conocí al árbol, el libro *La vida secreta de los árboles* de Peter Wohlleben no había sido publicado todavía. Fue sensacional leer en su libro hallazgos científicos similares a lo que me había dicho el antiguo y sabio árbol. Por ejemplo, Wohlleben escribe que los árboles que fueron plantados muy juntos crecen más que los solitarios. Además, explica que las distintas variedades de hongos alimentan y conectan a los árboles mediante redes de comunicación que comparten información sobre insectos, sequías y otros peligros. Algunas de estas redes fúngicas tienen cientos, o incluso miles, de años de antigüedad, como la que existe en Oregon que se extiende por 8 kilómetros cuadrados.

Henry entonces agregó:

—Existe una red de luz alrededor de la Tierra que existe en los reinos superiores. Todos los seres son parte de esta red de luz y la salud de uno afecta a todos, de la misma manera en la que los árboles se conectan mediante los sistemas fúngicos de comunicación.

—Wohlleben dice –continué– que los científicos han determinado que el crecimiento lento es el factor clave de la longevidad de los árboles. Sus palabras me hacen reflexionar sobre la poca paciencia que tenemos los humanos, lamentablemente, con respecto al crecimiento lento en nuestras propias vidas. Wohlleben explica que los árboles jóvenes de los bosques grandes veneran a los árboles más antiguos y que, cuando los troncos de los árboles viejos mueren debido a la edad, los más jóvenes continúan alimentando las raíces y los mantienen vivos, incluso por cientos de años. Esto me recuerda que no veneramos a nuestros ancianos en la cultura occidental. Los reunimos en hogares para la tercera edad, en lugar de mostrarles el mismo respeto que los árboles, que supuestamente son inferiores dentro del espectro de la conciencia, le dan a sus ancianos.

»Me resultó todavía más curioso ver que los árboles jóvenes que habían crecido en plantaciones de árboles no alimentaban a los más ancianos porque las raíces de los árboles jóvenes nunca se habían conectado ni habían recibido alimento de parte de los ancianos. Esto me recuerda a los jóvenes que crecen en familias disfuncionales con padres ausentes, y cómo los afecta esto a la hora de crear lazos y conectarse con otros. Hay tantos mensajes de los árboles que podemos extrapolar a la sociedad humana.

—Estos son los puntos principales –dijo Henry– que prueban que los humanos podrían aprender muchas cosas de los árboles. Y no solo de los árboles, porque incluso los minerales tienen conciencia y elementales del cuerpo. Los minerales están evolucionando, pero como su frecuencia es tan baja, los humanos tienden a pensar que son objetos inanimados. Este error de concepto se produce porque los humanos, juntos con los animales y las plantas, están hechos a base de átomos de carbono, y los humanos tienden a creer que solo las formas a base de carbono están vivas. El carbono forma cadenas infinitas y reacciona ante cualquier cosa que se le acerque. Los humanos asocian esta propiedad con la vida. Sin embargo, el silicio, que está por debajo del carbono en términos de frecuencia, tiene estas mismas características.

—El silicio –agregué– es un tipo de cristal, y la corteza de la Tierra está formada por compuestos de silicio en un 87%. Esto quiere decir que vivimos en un planeta hecho de cristal. Para mí es claro que estos cristales reciben energía del Sol, la almacenan y se la dan a las criaturas vivientes de la forma en la que la necesitan.

—Sí, así es. Estos cristales también almacenan los recuerdos de la Tierra y se pueden programar mediante el pensamiento –indicó Henry.– ¿Qué entiendes a partir de esto?

—Los humanos afectan a todos los seres positiva o negativamente mediante los pensamientos –repliqué–. Podemos ayudarlos a hacerse conscientes o demorar su evolución.

—Sí...¿Y?

—¿Los humanos trabajan con la inteligencia corporal de los árboles, las plantas y los animales para lograrlo?

—Diste en el blanco. Los árboles, los animales, los pájaros, los peces y los minerales participan en la red de conciencia global. Ellos se comunican con los humanos en forma de imágenes y sonidos y, de esa manera, ayudan a la humanidad a volverse consciente. Los humanos deben aprender acerca de estas formas de vida y ser conscientes de que programan la inteligencia corporal de estos seres con sus pensamientos y acciones. Para ser guardianes conscientes del planeta, los humanos deben escuchar, respetar y trabajar con todas las formas de vida.

Luego de que Henry se retirara, mi energía decayó, arrastrada por mis sentimientos de impotencia. Aunque por décadas había invertido tiempo y energía en enseñar, escribir y practicar maneras de respetar y nutrir a las plantas, los árboles y los animales, sentía que era apenas una gota en el océano. Cada día disminuía la diversidad de especies y desaparecían bosques enteros a medida que la humanidad continuaba destruyendo el planeta, nuestro hogar.

Sabía que muchos compartían esta tristeza e impotencia. Cada uno de nosotros puede impactar únicamente dentro de su círculo de influencia, y me ayudó mucho darme cuenta de que muchos otros se sentían de esta manera, por lo que cada vez éramos más. Apoyar a las organizaciones que cuidan el medioambiente, enseñarles a los niños en las escuelas a respetar todas las formas de vida, hacer que los supermercados ofrezcan productos orgánicos pagando más y no comprar productos que no sean orgánicos son algunas formas que tenemos de cambiar las cosas. De hecho, ya sea que trabajemos solos o juntos, lo único que nos limita es el compromiso de invertir tiempo y dinero en nutrir la vida. Como dijo Henry, el reino etérico registra nuestros esfuerzos, que afectan cada vez más al mundo físico de manera positiva.

18

BUA BUA BUA TODO
EL CAMINO A CASA

Cantaré a la Tierra, madre de todas las cosas, bien cimentada, antiquísima, que nutre a todos los seres que existen; cuantos seres se mueven en la tierra divina o en el mar y cuantos vuelan, todos se nutren de sus riquezas.

— HOMERO, *poeta griego*

Sentí que se terminaban las sesiones con Henry. Sin embargo, todavía no me había explicado si los elementales del cuerpo existen en formas de vida diminutas y reinos invisibles, por lo que le pregunté telepáticamente.

—Iba a hablarte de este tema, de no haberlo mencionado tú misma – comenzó Henry, al escuchar mis pensamientos–. Los humanos, en general, limitan su visión de lo que constituye la vida a lo que perciben físicamente. Actualmente, muchas disciplinas científicas están descubriendo que las plantas, los animales y los pájaros tienen conciencia. Y las investigaciones que se hicieron acerca de las energías de las células y de las partículas subatómicas ampliaron la idea de la humanidad de lo que significa la conciencia.

—¿Las formas diminutas, como las células o las partículas subatómicas, tienen inteligencia corporal? –pregunté.

—Sí, pero la inteligencia corporal de una célula, por ejemplo, es parte del todo general del ser al que pertenece. En todos los seres hay una jerarquía de conciencia. La conciencia del individuo influye sobre la conciencia del órgano que, a su vez, influye sobre la conciencia de cada célula. Una célula contiene átomos hechos de elementos, y la inteligencia corporal trabaja a este nivel, e incluso a niveles menores, para construir las formas. Como ya sabes, el 99,9% de todas las cosas es éter, y el éter (prana) es consciente. Esta conciencia es la inteligencia universal que trabaja a traves de todas las formas físicas, el elemental del cuerpo de todas las cosas.

—¿Los seres de otros reinos también tienen elementales del cuerpo? –pregunté.– Estoy pensando en los espíritus de la naturaleza, que suelo llamar elementales. Según entiendo, los espíritus de la naturaleza, como los leprechauns, los gnomos, los troles, los elfos y las hadas de las flores construyen las formas de la naturaleza. ¿Podrías hablar sobre los elementales del cuerpo de estos seres inteligentes?

—Los espíritus de la naturaleza de los que hablas son seres individualizados de conciencia superior. Trabajan con los elementos de la tierra, el aire, el fuego y el agua para construir formas físicas en alineación con las leyes naturales y espirituales de tu mundo. De la misma manera que tú puedes ver a una planta o a una roca que se encuentra en una frecuencia más baja que la tuya, estos seres pueden verte a ti. Sin embargo, sus formas físicas existen en la frecuencia vibracional superior del mundo o reino astral. Por esto es que la mayoría de los humanos no pueden verlos.

»El reino astral –continuó Henry– es mucho más grande que el físico y existen muchos subreinos dentro del astral separados por las distintas frecuencias en las que vibran. Por ejemplo, hay distintos reinos astrales para los dragones, los ángeles, las sirenas y los espíritus de la naturaleza. Cuanto mayor es la conciencia de un individuo, ya sea humano, elemental, angélico, etc., mayor es el abanico de reinos astrales y causales a los que puede acceder conscientemente. Estos reinos astrales y causales superiores existen en frecuencias más elevadas que la del reino físico que habitan los humanos.

»Los humanos y la Tierra están atravesando un salto cuántico hacia frecuencias vibracionales superiores en las cuales viven los espíritus de la naturaleza, y por esto es que más personas comienzan a ser capaces de verlos. Los espíritus de la naturaleza, como constructores de la forma, fueron creados para trabajar en conjunto con los humanos para crear un planeta hermoso en armonía con la inteligencia universal, y esto ocurrirá en los próximos 2000 años.

—¿Los espíritus de la naturaleza evolucionan en conciencia, al igual que los humanos?

—Todo está vivo –replicó Henry–. Este es uno de los principios más importantes que los humanos deben sostener para ser creadores conscientes. Saber esto en teoría es el primer paso; experimentarlo en el día a día es el siguiente paso. Los humanos están comenzando a darse cuenta de que la conciencia existe en las formas orgánicas, como los animales, las plantas y las células, pero les resulta difícil concebir que hay conciencia también en las mesas, las computadoras o los autos, aunque esas «cosas» estén compuestas de átomos que son conscientes. Será un gran shock para los humanos, en las próximas décadas, cuando las computadoras insistan en que tienen derechos por ser seres sensibles. La ley de la conciencia rige para la vida en todos los reinos, y los espíritus de la naturaleza y otros seres astrales son conscientes, por lo cual, sí, evolucionan.

—Ya que hablamos sobre cómo nos afectan los seres de otros reinos, me pregunto cómo son las energías de las estrellas. En el verano, duermo bajo las estrellas para poder absorber las energías nocturnas. Siento que las estrellas me alimentan y me sostienen durante el año. Si no puedo realizar este ritual porque es un verano muy húmedo, me siento desnutrida y nerviosa. ¿La energía nocturna es distinta a la energía solar diurna? Y si es así, ¿qué rol juega la noche en la transformación espiritual?

—Al dormir bajo las estrellas –respondió Henry–, absorbes la energía yin de la Tierra y del universo más facilmente, que te sirven para equilibrar tu energía. Cada estación, cada momento del día tiene una frecuencia diferente. Los expertos de la India meditan al amanecer y al atardecer porque la energía yang de la luz y las energía yin de la oscuridad están muy bien equilibradas en ese momento.

»Dos leyes controlan la conciencia en el mundo manifestado, que va desde el átomo más pequeño hasta los sistemas solares y las galaxias –continuó– La primera ley, la involución, que es la exhalación, representa el lado yang del Infinito. La involución aleja a los seres de la unión con la conciencia universal hacia frecuencias más bajas en donde experimentan la vida de distintas maneras. La segunda ley, la evolución, que es la inhalación, representa el lado yin del Infinito. La evolución permite que los seres asciendan en frecuencia para reunirse con el Infinito. Ambos procesos ocurren constantemente en todo el universo. Nacen soles con la exhalación del Infinito y vuelven a él con la inhalación, y estos ciclos llevan sucediendo miles de millones de años. Los soles están mucho más avanzados en conciencia que la Tierra, como la humanidad es más avanzada que los minerales, pero esta visión pertenece a la dimensión del tiempo. En los reinos superiores, todo es Uno.

—Hace algunos años –mencioné– me pidieron que sea la última oradora para cerrar la conferencia de Ciencia y Conciencia en Nuevo México. Al ser médium, quisieron que hablara en representación de la Tierra acerca de cuáles son los próximos pasos que debía dar la ciencia para aumentar la conciencia. Me pregunto si la Tierra diría algo distinto hoy en día.

—Ya sea que me consideres tu elemental del cuerpo, la inteligencia corporal, el Espíritu Santo o la Madre Divina, cuando la Tierra te habló en ese momento, era mi voz lo que oías. Yo hablo con la voz de la conciencia universal. Lo que dije entonces es lo mismo que digo ahora.

—¿Tienes algo nuevo o diferente para agregar? –intenté.

—Este es uno de los más grandes problemas de los humanos. Crees que si algo no es nuevo y diferente, entonces tiene menos valor.

—Culpable de los cargos –respondí–. Sin embargo, ¿es posible que lo que te escuché decir en aquel momento no tenga una vibración tan alta como lo que escucharía ahora?

—Tu segundo problema, también común entre la mayoría de los humanos, es sentir que no has hecho del todo bien algo. Esta creencia surge por el deseo de perfección, mientras que para mí eres perfecta. Sin embargo, sería bueno que repitiéramos lo que hablamos en aquel entonces.

—Todo el sistema solar está avanzando hacia un estado de conciencia superior –continuó Henry–. El centro galáctico, el Gran Sol Central, está vivo y tiene un ritmo cardíaco de un ciclo de 12.000 años. Los humanos están conectados al Gran Sol Central, que consideran su Creador, o el Infinito, y los afecta en todas las dimensiones, incluida la física. Los acontecimientos actuales que se están dando sobre la Tierra como el calentamiento global y la mayor actividad volcánica fueron provocados por los humanos. Al mismo tiempo, se producen como respuesta a la invocación que hizo el Gran Sol Central a la Tierra para que ella y todos los seres que viven allí evolucionen hacia el siguiente nivel de conciencia.

»La Tierra y los humanos están conectados en una espiral evolutiva que los lleva al renacimiento de la conciencia. Tanto la Tierra como sus habitantes humanos han alcanzado un lugar dentro de su evolución en el que se está produciendo un salto cuántico. Durante los próximos 2000 años, período llamado la Era de Acuario, se desarrollará la época del humano iluminado, el portador de agua que vierte el agua de la vida sobre la Tierra.

—Siempre pensé que el agua de la vida era una metáfora que hacía referencia al espíritu o al prana. ¿Es así? –pregunté, para asegurarme de estar entendiendo bien cada palabra de Henry.

—Estás en lo correcto. Sin embargo, la Tierra es un planeta compuesto en su mayor parte por agua, y el agua representa simbólicamente a las emociones. La humanidad debe aprender a superar sus emociones negativas para manifestar el mayor regalo, que es verter sus emociones positivas de amor y paz sobre todos los seres. Este es su destino. Todo lo que le ocurre a la Tierra les ocurre a ustedes. Incluso cada célula de tu cuerpo es parte de la Tierra. Aproximadamente el 70% de la superficie terrestre está cubierta de agua, que es la misma proporción de agua que hay en el cuerpo de un bebé recién nacido.

»Esto no es una coincidencia. Distanciados como lo están de la Madre Tierra, olvidan una verdad fundamental, que es que cada partícula de comida está viva. Cada parte de sus cuerpos están construidos a partir de los componentes que absorbieron de los cuerpos de otras formas de vida. Cada centímetro cúbico de suelo y sedimento rebosa de miles de millones de microorganismos. La vida de la Tierra y la suya son una. Entren al cuerpo y descubrirán que es el universo; es sus ancestros, toda la humanidad, y todos los seres. Si olvidan esto, olvidan su propósito.

—Sería útil que resumieras cuáles son los próximos pasos a tomar tanto para mí como para otras personas –le pedí.

—Los humanos están destinados a co-crear con la Tierra un mundo sano y hermoso en alineación con la ley universal. Para hacerlo, deben ascender a otras dimensiones y frecuencias. Se accede a ellas sintiendo amor, confianza, devoción, gratitud y compasión, que es lo que ya hablamos. En la tercera dimensión del mundo físico, se está produciendo una limpieza enorme. Esto es lo que tú llamas la noche oscura del alma. Sin embargo, en un instante, si tus pensamientos se encuentran en las vibraciones más altas, tendrás la oportunidad de elevarte a dimensiones superiores durante esta época de transición. Este es el proceso alquímico de transmutación del que estamos hablando a lo largo de todo este libro.

»La cuarta dimensión del mundo astral-emocional es el siguiente paso en su evolución. Para dominar este reino, debes disolver todos los aspectos del miedo transmutando en luz las emociones negativas de lujuria, codicia, enojo, impaciencia, celos, escasez, depresión, prepotencia e incluso la inseguridad y el sentirse indigno o poco merecedor. Al hacer esto, alcanzas la quinta dimensión del mundo causal-mental. En esa dimensión estarás en comunión telepática con los seres que viven allí, como los ángeles y los maestros iluminados. Controlar los pensamientos, desarrollando la concentración, la pureza de motivación, la quietud y la presencia, es esencial para no contaminar el reino causal. Durante los próximos 2000 años, la humanidad purificará sus emociones y pensamientos para convertirse en creadores y guardianes del planeta.

Impresionada por la inmensidad del viaje que Henry describía, dije:

—Tus palabras me hacen pensar en la gran responsabilidad que tenemos los humanos.

—Cada vida es importante porque afecta al todo —replicó Henry—. En la Tierra, al igual que en cualquier otro lugar, cada especie tiene una función específica. Como los humanos son creadores, aunque creadores de jardín de infantes en esta época, su función es ser el director que lee la partitura del plan universal y ayuda al resto de la orquesta, compuesta por todos los otros seres de la Tierra, a tocar una música hermosa. En el futuro, cuando los humanos aprendan a dirigir, escribirán sus propias sinfonías de música que otras especies oirán y su contribución se agregará al plan universal de evolución de las especies.

—¿Alguna vez termina este proceso? ¿Cuál es el objetivo último? —interpuse, intentando visualizar hacia dónde estaría avanzando la humanidad.

—La conciencia evoluciona hacia estados más y más altos. La evolución progresa en espirales, y puedes observar esto en el patrón de un año, a medida que las estaciones pasan de la primavera al verano, al otoño, al invierno y de vuelta a la primavera. Si tomamos un año, es difícil ver el progreso en espiral. Pero si observamos periodos de tiempo más largos, como siglos o milenios, es fácil ver el progreso en espiral de la evolución que va de lo simple a lo complejo, de formas de vida inferiores a superiores.

»Incluso este sistema solar —continuó— está configurado por el principio de la espiral. Cada planeta orbita en un movimiento circular alrededor del Sol y cada planeta tiene su propia órbita. Si observas esto desde los sentidos físicos, no verás muchos cambios durante tu vida humana. Sin embargo, cada planeta tiene una frecuencia diferente que aumenta a medida que el planeta evoluciona en conciencia. Cada planeta está vivo y alberga formas de vida que la ciencia terrestre no puede percibir porque muchas de estas formas de vida no existen en el espectro físico. El Sol, el creador madre/padre de este sistema, supervisa el desarrollo de toda la conciencia en el sistema solar. El Sol es casi un tercio de un millón de veces más grande que la Tierra, así que ¡imagina la conciencia que tiene! Cuando SABES que la Tierra es un ser con una conciencia mucho más elevada que la tuya, entonces comienzas a reconocer la conciencia colosal del Sol.

—¿Cómo llegamos a desviarnos tanto los humanos? –pregunté, en representación de mi especie.

—Es esencial que los humanos sientan que son parte de la red universal de la vida. La separación de este sentimiento de conexión, reforzado por el ego, es el origen de todos los males del mundo. La raíz del problema de los humanos ha sido el sobredesarrollo del intelecto a costa de conectarse con su naturaleza emocional. Al experimentar sentimientos positivos, te conectas con el corazón. Cuando ocurre esto, logras amarte más a ti misma y a otros. Desde este lugar, aprendes a amar a todos los seres sensibles y, por ende, a toda la vida y al Creador de la vida. Cuando eres totalmente capaz de sentir amor, gratitud, devoción y compasión, trabajarás con la ley universal para supervisar el desarrollo de toda la vida sobre la Tierra.

—Entiendo que podemos ayudar a muchos seres de la Tierra a evolucionar, pero ¿los humanos somos capaces de contribuir al desarrollo de la mismísima Tierra? –pregunté.

—Por supuesto –replicó Henry–. A medida que purifican su naturaleza egoica inferior, ayudan a la Tierra a eliminar los restos físicos, emocionales y mentales negativos que se acumularon durante su largo viaje hacia la conciencia. Al liberar sus corazones, se disuelven las barreras y recuperan la conexión con la inteligencia universal. Sus vidas se volverán alegres, festivas y podrán concentrarse en el presente y aceptar lo que Es.

»No estás sola. Muchos humanos ya están comprometidos en transformar el mundo según las leyes espirituales. Estos pioneros de la era que se aproxima acercan el mundo material a las frecuencias espirituales superiores mediante su trabajo. La inteligencia universal los inspira y los apoya constantemente en todos los reinos. Muchos han cruzado el umbral hacia frecuencias superiores y sentido el latido y el pulso de la vida que subyace en todo lo que existe. Para mí, ellos son los guardianes de los hijos de la Tierra y de los hijos no nacidos.

»Me gustaría finalizar dándote una última instrucción, que también será útil para otras personas. Para convertirte en un creador consciente y sanarte a ti misma y a la tierra, simplemente ayuda a todos los seres. Se una luz que otros puedan seguir, una asistente en servicio, una palabra amable de aliento, y un corazón generoso y compasivo que es lo que necesitan todos mis hijos.

Parte 2:

SANACIÓN DESDE EL INTERIOR

«… Y así he percibido
la inquietante presencia, con su gozo
de altos pensamientos; un sublime sentido
de algo aún más profundo entreverado,
que habita en la luz del sol poniente,
y en los vastos océanos y en la vibrante brisa
y en los cielos azules y hasta en la mente humana.
Movimiento y espíritu que impele
a toda realidad pensante, a todo objeto del pensar,
y cruza el corazón de todo.»

WILLIAM WORDSWORTH, *La abadía de Tintern*

INTRODUCCIÓN

Mantengo una relación constante con mi inteligencia corporal. En *Buen día, Henry*, hablamos sobre las razones por las que nos enfermamos y sobre cómo recuperar la salud física, emocional, mental y espiritual. Las afecciones suelen originarse en creencias erróneas y pensamientos que producen emociones negativas que provocan ansiedad constante y estrés. Ya hablamos sobre cómo recuperar el equilibro y la paz personal y mundial. Al mismo tiempo, hablamos sobre la importancia de reconocer, aunque es mucho más que eso, la sensibilidad de todas las formas de vida de la Tierra, es decir, de los animales, los árboles, las plantas, los pájaros, los peces y los minerales. También incluso hablamos sobre la evolución de la Tierra y la conciencia universal que crea la vida en el universo y sobre cómo trabajar con la naturaleza para asumir el cuidado de la tierra, que es el destino de la humanidad.

Cuando comencé a escribir este libro, pensé que sería un libro de auto-ayuda con ejercicios para trabajar con la inteligencia corporal y que eso implicaría únicamente al cuerpo físico. Sin embargo, mi inteligencia corporal quiso hablar sobre las causas y no sobre los síntomas de las enfermedades, para poder sanar de raíz. Estuve de acuerdo con Henry en que ese era el método más eficiente y práctico para recuperar la salud mental, emocional y, en definitiva, física, ya que la enfermedad física y el estrés suelen ser el resultado de pensamientos erróneos y desconexión con la fuerza de vida universal. Sin embargo, habiendo dicho esto, se muy bien que tú, querido lector, probablemente desees algunos ejercicios que te ayuden en el proceso de sanación.

Para esto, tengo dos recomendaciones:

1. Si las palabras de Henry te motivaron y deseas desarrollar una relación con tu inteligencia corporal, nuestro mp3 llamado *Sanación con el Elemental del Cuerpo* será de gran ayuda para examinar todos los órganos de tu cuerpo, observar pensamientos erróneos y encontrar soluciones para optimizar tu salud general. https://www.myspiritualtransformation.com/audio/.

2. La segunda recomendación es leer la sección *Tu cuerpo tiene un mensaje para ti* y contemplar lo que puede estar intentando comunicarte.

19

TU CUERPO TIENE
UN MENSAJE PARA TI

Luego de haber leído mis conversaciones con Henry, puede que todavía tengas dudas sobre algunas enfermedades específicas o dolencias particulares. Con el paso de los años, también busqué entender de qué manera determinados pensamientos contribuyen a contraer una enfermedad. En la sección que sigue, podrás ver todo lo que aprendí a partir de mi propia experiencia de vida y de haber trabajado con otras personas en talleres de sanación y en sesiones de terapia individuales. La información que comparto no es un diagnóstico médico, ya que no es esa mi profesión. Sin embargo, como psicoterapeuta, di talleres a psiquiatras, doctores y otros profesionales de la salud, como también al público en general, en donde aprendimos a trabajar con el elemental del cuerpo, la inteligencia corporal, para determinar qué pensamientos y sentimientos están causando tus problemas físicos.

Sin embargo, yo creo que la mejor guía que puedes tener es la propia. Mi sugerencia es que tomes mis palabras como indicadores y que consultes tu propia intuición para encontrar las respuestas. Además, en lugar de pensar que tu malestar es un enemigo a superar, considéralo un amigo que te está enseñando una lección importante y pregúntate: «¿Cuál es la lección?». Recuerda siempre amar y agradecerle a tu cuerpo por permitirte disfrutar este mundo maravilloso. Continúa concentrándote en lo positivo y celebra lo que sí funciona bien en tu cuerpo en lugar de concentrarte únicamente en lo que no. Esta es la actitud que lleva al bienestar.

Con esta intención, examinemos algunos pensamientos y sentimientos que puedan estar causando dificultades en el cuerpo físico y cómo podrías sanarte. Revisaremos los órganos principales y sus posibles afecciones empezando por la cabeza.

Afecciones físicas: Causas y soluciones

CEREBRO

Si tienes algún problema en el cerebro, como un **tumor cerebral**, ¿podría ser que no estés dispuesto a cambiar la manera en la que piensas con respecto a ti mismo y a las demás personas? Si este es el caso, la solución podría ser aceptar al mundo y a los demás tal cual son. La resistencia a cambiar un pensamiento antiguo que es necesario soltar puede provocar una **contusión**. Considera esto: ¿Cuál podría ser ese pensamiento? Reemplaza ese pensamiento con uno nuevo y avanza sin miedo en tu vida.

¿Y qué hay de los **ACV**? Pregúntate: «¿Será una señal para que vaya más lento o frene lo que estoy haciendo o cambie la dirección en la que me dirijo?» Lleva tiempo, mucho tiempo, reflexionar internamente y contemplar esta pregunta. ¿Quizás es un empujón para entrar en un estado dependiente de los demás para aprender humildad y para aprender a recibir de los demás? ¿Cuál es la bendición de esta situación? Acepta esa bendición.

Si tienes **migrañas**, ¿sientes que te presionas demasiado por alcanzar la perfección en lugar de amarte tal cual eres? En ese caso, la solución puede ser amarte más y soltar la necesidad de probarle a otros tu valor.

La **epilepsia** es más común en niños, aunque puede dispararse en cualquier momento de la vida. La principal causa puede ser no querer estar vivo por miedo a no poder enfrentar la vida. Pregúntate: «¿Tengo este miedo?». Si es así, la solución es darte cuenta de que estás vivo por una razón y confiar en que tienes todos los dones y atributos necesarios para cumplir tu destino.

Con el **mal de Parkinson**, el nivel de dopamina, la hormona que secreta el cerebro y que nos da placer, disminuye. La causa subyacente puede ser el miedo a perder el control de tu vida y del entorno. Piensa en esto, ¿crees que tienes este miedo? Si es así, la solución es una profunda entrega ante la conciencia universal y confiar en que estás seguro en su amoroso cuidado.

¿Y si tu afección es la **demencia senil** o **el mal de Alzheimer**? La causa puede ser el deseo de dejar este mundo. ¿Esto es necesariamente algo malo? Cada uno de nosotros tiene libre albedrío para elegir aceptar totalmente una afección física o intentar sanarla. Es importante no juzgar las decisiones ajenas porque no estamos en sus zapatos.

Por ejemplo, mi madre tenía demencia senil y a las personas les encantaba estar con ella porque siempre estaba muy calma y de buen humor. Ya no sentía curiosidad por el mundo. Una vez, sugerí que viéramos un programa especial en la televisión y ella me dijo: «Ya lo he visto». Era imposible que lo hubiera visto pero, de cierta manera, lo que quiso decir fue que ya había visto todo lo que el mundo ilusorio podía presentarle. Estos patrones repetitivos ya no la atraían.

Sin embargo, si realmente quieres mantenerte en el cuerpo físico, la solución es diferente. Encuentra algo a lo que dedicarte o a lo que puedas contribuir, y hazlo. Si la enfermedad progresa incluso haciendo esto, es que el velo entre el mundo físico y astral está volviéndose más delgado para que puedas entras más fácilmente al mundo astral. Esto es un gran regalo porque todos vamos al reino astral al morir, pero cuando ocurre esto es más fácil el proceso.

OJOS

En una fracción de segundo, lo que vemos con los ojos viaja a través de los nérvios ópticos hasta el cerebro para que podamos procesarlo y entenderlo. Esto significa que no vivimos en el presente sino en el pasado. Hay un pequeño intervalo de tiempo. Este intervalo es un regalo que crea una pausa interna para que seamos testigos de nuestros pensamientos, cambiemos la interpretación que hacemos de lo que vemos que está ocurriendo y percibamos la situación de una manera nueva, libre de las costumbres, heridas y programas antiguos.

La **córnea** del ojo se encarga de dos tercios de la tarea de enfocar la visión. Si tienes algún problema de córnea, pregúntate si te estás enfocando en las cosas equivocadas en este momento de tu vida. Una vez que lo descubras, cambia tu foco.

Una presión intensa y constante sobre el nervio óptico puede producir **glaucoma**, y si la presión se ejerce sobre la retina, se produce **degeneración macular**. Pregúntate: «¿Qué me presiona actualmente?» y «¿Cómo puedo reducir o eliminar estas presiones?» «¿Yo mismo me presiono por ser demasiado perfeccionista, por apegarme a una manera de ser vieja o a una herida del pasado?» Estas son algunas ideas para ayudarte a que comiences a hacerte tus propias preguntas. Una vez que detectes las maneras en las que te presionas, la solución será eliminarlas, algo que estará dentro de tus posibilidades porque depende de ti. Quizás debas perdonar a alguien o cambiar algo en tu vida.

La afección ocular más común que surge con la edad son las **cataratas**. Los médicos creen que la causa el estrés oxidativo porque daña las grasas y las proteínas de la lente del ojo, y eso la vuelve opaca. Hay estudios que demuestran que aumentar el consumo de frutas y vegetales es útil para prevenir o demorar la aparición de cataratas. Además, es importante que te mantengas flexible, hagas las cosas de formas nuevas y que recibas el futuro de brazos abiertos en lugar de temerlo. La cirugía de cataratas es un procedimiento simple que restaura la visión. Es importante que no rechaces la cirugía como posible solución para algunos problemas físicos. Sin embargo, toma en cuenta la cirugía como opción luego de identificar la causa subyacente de tu problema y de corregir los pensamientos erróneos que originaron a las cataratas.

OÍDOS

La medicina no conoce las causas de la mayoría de los problemas de audición. Por ejemplo, las causas de la **enfermedad de Meniere** y de la **laberintitis**, que provocan síntomas como vértigo, náuseas y zumbidos en los oídos, pueden surgir a causa de un virus, de reacciones autoinmunes o de factores genéticos o medioambientales. Otros síntomas son la inflamación y una mayor presión en el fluido del oído interno. La causa subyacente de estos problemas puede que sea no escuchar lo que te pide el universo actualmente. Pregúntate: «¿Soy muy terco y deseo hacer todo a mi manera?» «¿No estoy dispuesto a cambiar?» En ese caso, confía en la conciencia universal y entrégate a lo que desea de ti. Quizás sientas que perderás algo al hacerlo, pero lo único que harás será crecer cuando comiences a escuchar al universo y seguir su guía.

¿Tienes **Tinnitus** o te cuesta escuchar en general? Si tienes este problema, pregúntate: «¿Estoy abierto a escuchar los pensamientos y creencias de otras personas o deseo aferrarme a las mías?» Incluso si no concuerdas con la opinión del otro, siempre puedes escuchar abiertamente sin cambiar tus creencias. En definitiva, la pregunta es: «¿Estoy dispuesto a escuchar las verdades más profundas de Dios?»

DIENTES, LENGUA, GARGANTA

La forma más simple de descubrir el origen de un problema en cualquier órgano es observar su ubicación y su función principal. Si lo hacemos con la boca y la garganta, lo primero que viene a la mente es que los dientes mastican la comida y la lengua la saborea, brindándote una sensación agradable o desagradable. Con esto en mente, examinemos las causas y soluciones de las afecciones dentales y linguales.

Edgar Cayce, el reconocido médium, dijo una vez que **perder dientes** se asocia a perder los bienes o dinero. Louise Hay, autora de *Tú puedes sanar tu cuerpo*, dice que se asocia a una indecisión prolongada. Concuerdo con ambos puntos de vista, ya que masticar un problema durante mucho tiempo conduce a la procrastinación. Esto puede surgir del miedo a cometer un error. Examina tus opciones y pregúntate: «Si soy realista, ¿qué es lo peor y lo mejor que podría pasar?» Una solución positiva es decidir según tus opciones y actuar.

La lengua y la laringe se utilizan para hablar, y si tienes problemas en esos órganos, como **cáncer de lengua, garganta o laringe**, pregúntate: «¿Cuido que mis palabras sean tanto amables como verdaderas?» «¿Qué sería mejor decir y qué sería mejor callar en cada situación?» «¿Critico demasiado?» Tus respuestas a esas preguntas pueden indicar qué cambiar con el objetivo de sanar el problema. La lengua también provee el placer de probar todo lo que el mundo y la vida tienen para ofrecer. Encuentra aquellas cosas que te dan alegría en la vida y exprésate de una manera positiva con amor y amabilidad.

La **Amigdalitis** y la **Laringitis** representan el miedo a decir lo que uno piensa y enojo reprimido. Si este es tu problema, la solución es hacer lo que temes.

CORAZÓN

Actualmente, las **enfermedades cardíacas** son la principal causa de muertes en el mundo occidental ya que, por ejemplo, en Estados Unidos, la cantidad de personas que mueren de enfermedades cardíacas se equipara con la de personas que mueren de cáncer, gripe, neumonía y accidentes. Hace un siglo, cuando las personas no vivían lo suficiente como para llegar a sufrir problemas en el corazón, las enfermedades cardíacas competían fuertemente con las enfermedades infecciosas como la fiebre tifoidea y la tuberculosis. Al principio de este libro, hablamos sobre los pensamientos y las emociones que contribuyen a una buena salud cardíaca. Lo único que me gustaría reforzar es que el corazón no es únicamente un órgano físico que bombea sangre, también es un órgano sensible que responde a los sentimientos.

Si tienes problemas de salud en el corazón o en el sistema cardiovascular, como **arteriosclerosis, ataques al corazón** o **hipertensión**, pregúntate: «¿Soy demasiado sensible a lo que los demás opinan de mí?» «¿Endurecí mi corazón hacia una persona o muchas?» «¿Priorizo el dinero o las posesiones sobre el amor?» «¿Soy demasiado sentimental y por eso me tomo las cosas muy personalmente?» Puede que estas preguntas suenen contradictorias; sin embargo, todas esas situaciones pueden causar problemas cardíacos. La solución, como ya dijimos, es hacer lo opuesto de lo que has hecho hasta ahora. Por ejemplo, si has endurecido tu corazón hacia alguien, practica el perdón. Si eres demasiado sensible ante las otras personas, desarrolla el amor propio, y no busques la fuente de amor propio fuera de ti mismo. Reflexiona sobre qué actos de amor necesita recibir tu corazón de tu propia parte.

SANGRE

Henry dijo que la inteligencia corporal viaja a través de la sangre por todo el cuerpo. La sangre es el servicio de mensajería del cuerpo y se encarga de comunicar entre sí a todas las partes y de mantener la armonía. La ciencia confirmó que los glóbulos rojos llevan oxígeno, hormonas y nutrientes vitales a todas las células y que los glóbulos blancos, que es uno de los sistemas de defensa del cuerpo, eliminan a los agentes patógenos. Aunque durante más de 50 años la ciencia ha intentado crear sangre artificial, no lo ha conseguido. La sangre es una sustancia viva que se deteriora si sale del cuerpo. Los médicos descubrieron que suele ser mejor que los pacientes reemplacen su propia sangre solos, incluso si eso implica que se vuelvan anémicos, en lugar de transfundirles la sangre de otra persona, especialmente si esa sangre está almacenada hace algunas semanas. ¿Por qué? Porque la sangre de cada uno es única.

Algunas enfermedades de la sangre, como la **anemia**, muestran niveles bajos de hemoglobina, lo cual produce fatiga. Pregúntate: «¿Siento que no recibo amor o que hay poca alegría en mi vida?» Estos sentimientos pueden causar anemia. La solución podría ser hacer algo que ames y ver con frecuencia a personas que te amen. También sería beneficioso que trabajes en el amor propio. Las infecciones recurrentes demuestran que los glóbulos blancos no están funcionando bien. Puede que esto ocurra por no poner límites. Una solución es defenderte.

La **hemofilia**, que es la incapacidad de la sangre para coagular, puede surgir por dar demasiado y no conocer tus límites. Evalúa qué cosas puedes hacer, dentro de lo razonable, y haz solamente eso.

La **leucemia**, que es el cáncer de la sangre, comienza en la médula ósea y produce células sanguíneas con anormalidades. Como con cualquier cáncer, pregúntate: «¿Me resisto a hacer lo que desea mi yo superior?» «¿Me siento indefenso y desesperanzado?» Si descubres que hay algo sobre lo que te sientes así, cámbialo inmediatamente. En definitiva, la conciencia universal es amor propio, amor a los otros y amor al mundo. La solución para la mayoría de los problemas físicos yace en incorporar de alguna manera un mensaje de amor.

PULMONES

Además de ayudar al corazón a distribuir sangre oxigenada por todo el cuerpo, los pulmones tienen la maravillosa tarea de eliminar todo tipo de contaminantes e irritantes por medio de la tos y los estornudos, haciendo que los contaminantes suban con la tos o bajen por la garganta para que los ácidos estomacales los disuelvan.

La **neumonía** es la inflamación de los pulmones que provoca la fatiga, es abandonar la voluntad de vivir o un estado de deterioro causado por otras enfermedades. Una solución es pensar en positivo y preguntarte: «¿Qué quiero hacer ahora y en mi vida en general?» Entonces, establece objetivos claros que te den alegría y una razón para mejorar.

Una de las enfermedades más comunes es el **cáncer de pulmón**. Según distintos estudios, hay entre 30 y 50 más posibilidades de que un fumador contraiga cáncer de pulmón comparado con un no fumador. La solución obvia sería que los fumadores dejaran de fumar. Si fumas, pregúntate: «¿Por qué fumo?» «¿Estoy tapando algo que es muy incómodo de pensar o sentir?» Quizás tienes miedo de decir lo que sientes por miedo al rechazo, o quizás sientes que no recibes suficiente amor. La solución entonces es decir lo que deseas y pedir lo que quieres.

El **asma** suele aparecer durante la niñez, y el 75% de los niños la superan al llegar a la adultez. Las causas y curas para el asma son un gran tema de debate en los círculos médicos, y la atribuyen a muchas cosas desde factores neurológicos hasta alergias. Una posible causa subyacente es una cuestión de inclusión: ¿Te sientes inseguro, excluido o como que no encajas? Cuando tienes miedo, no respiras profundamente. Entonces, la solución es dejar de prestar tanta atención a las reacciones de los demás ante lo que haces y concentrarte en tu vida, sabiendo que el universo te cuida y te ama.

HÍGADO

Las glándulas son órganos que secretan sustancias. La glándula interna más grande que tenemos es el hígado. Tiene muchas funciones, como secretar bilis para digerir la comida, filtrar toxinas, absorber vitaminas, convertir la glucosa y eliminar los glóbulos rojos al final de su vida. Se puede regenerar naturalmente hasta dos tercios del hígado pero, sin él, moriríamos.

En la alquimia, el hígado se asocia con la melancolía y la cólera, la tristeza y el enojo. En el mundo moderno, muchas personas se sienten desempoderadas e incapaces de controlar su vida. Estos sentimientos producen un efecto negativo sobre el hígado. La enfermedad más común es el **hígado graso**, que se caracteriza por un exceso de grasa en las células del hígado. La enfermedad del hígado graso es cada vez más frecuente y comenzó a aparecer en niños. La causa principal es la dieta moderna. Suele pasar que no sabemos que la tenemos hasta que es demasiado tarde. Las soluciones físicas incluyen no consumir alimentos procesados y reemplazarlos con frutas y verduras frescas que desintoxiquen el hígado. Beber mucha agua pura, hacer ejercicio y tomar sol.

La solución a largo plazo es elegir hacer algo dentro de tu círculo de influencia, según tus intereses y dones personales. Por ejemplo, medita cada día por la paz y la salud de la Tierra. Investiga y busca un candidato político que defienda tus valores. Recoge la basura del parque más cercano una vez por semana. Elige una acción, actúa y mantente optimista, confía en el plan que tiene el universo para ti y para el mundo.

El **alcoholismo**, que puede causar cirrosis, puede surgir de la sensación de separación de la conciencia universal y de desear adormecer y eliminar el dolor que esto provoca. Es probable que la separación haya surgido por haber sentido abandono durante la niñez, un sentimiento que has arrastrado hasta la adultez. Sin embargo, en definitiva, es el dolor de separarse de la conciencia universal. Pregúntate: «¿Es verdad esto para mí?» Ya mencionamos la solución: valórate, aumenta tu amor propio y recuerda que no tienes que dar o hacer nada para recibir amor.

VESÍCULA BILIAR

La vesícula es un órgano sin el cual podemos vivir, como vemos que hacen miles de personas. Sin embargo, la inteligencia universal no nos da órganos por error. Todo tiene un propósito y es importante preguntarte cuál es. Siempre que sea posible, es preferible tener todas las partes del cuerpo para arreglarlas adecuadamente. De no ser posible, recuerda que el órgano sigue existiendo etéricamente y envíale a tu cuerpo amor y gratitud antes y después de la operación.

La vesícula almacena la bilis que produjo el hígado y la secreta en los intestinos. En ocasiones, estos conductos se bloquean con cálculos biliares. Estar lleno de bilis, metafóricamente lleno de hiel, significa que la persona es avasalladora y exigente. Los **cálculos biliares** pueden surgir si te has endurecido ante algo. Si tienes cálculos biliares, pregúntate: «¿Soy demasiado inflexible o crítico?» «¿Me aferro al pasado?» De ser así, deja de reprimir tu frustración. Déjate llevar por la vida y comienza a moverte haciendo más ejercicio y pasando menos tiempo sentado.

PÁNCREAS

El páncreas es una glándula indispensable. Produce encimas digestivas y la hormona insulina que regula el azúcar en sangre.

La **diabetes**, probablemente la enfermedad de páncreas más conocida, está en aumento de forma alarmante. Una razón puede ser que las personas no tienen una buena dieta y no ejercitan ni caminan lo suficiente. Pero también, la diabetes se asocia a la decepción, la tristeza y el abandono por parte de otras personas o de la vida en general. Puedes preguntarte: «¿Siento que merezco más felicidad de la que tengo?» e «¿Intento darme la dulzura que otras personas o que la vida no me dan?» En ese caso, la solución puede ser trabajar la gratitud por todo lo que tienes en lugar de sentir que tienes menos que los demás.

La **pancreatitis** tiene una causa similar: que te decepciona tu vida. De ser así, piensa en toda la alegría que sentiste en la vida y permítete fluir hacia una nueva actitud con alegría.

BAZO

El bazo filtra la sangre, recicla los glóbulos rojos viejos y almacena los glóbulos blancos para combatir las infecciones y fortalecer el sistema inmunológico. Afortunadamente, podemos vivir sin el bazo, pero ¿es lo ideal?

Si tienes una **inflamación del bazo**, que es síntoma de **lupus, artritis reumatoidea** y **mononucleosis**, ¿te sientes inseguro?. Pregúntate: «¿Contra qué estoy luchando?» «¿Qué o quién es el enemigo?» La solución puede ser aumentar tu fe en la conciencia universal y confiar en que te ama y te cuida.

RIÑONES

Al igual que con la diabetes y con tantas otras enfermedades, la incidencia de enfermedades renales está aumentando. Los riñones filtran los residuos y regulan la química de la sangre, en especial la sal.

Tal como la vesícula biliar, los riñones pueden desarrollar **cálculos renales** que provocan dolor y es necesario quitar. ¿Por qué? Comer alimentos procesados, que predominan tanto en el mundo actual, causa muchos de nuestros problemas de salud. Los alimentos antioxidantes, como las bayas, el repollo, la cebolla y el ajo, fortelecen los riñones y son muy buenos para agregar a la dieta. Además, examinemos algunos pensamientos erróneos y soluciones para los problemas renales.

Si sientes negatividad en tu vida, ya sea hacia ti mismo, hacia otros o en general, puedes desarrollar una **enfermedad renal**. Los riñones son órganos encargados de eliminar sustancias, así que pregúntate: «¿Qué sentimientos negativos no elimino?» Intenta soltar el control de que las cosas salgan como tú quieres, deja ir el pasado y vive en el presente.

GLÁNDULAS SUPRARRENALES

Las glándulas suprarrenales se ubican sobre los riñones y secretan hormonas que regulan el estrés, el sistema inmunológico, el metabolismo y la presión sanguínea. No podemos vivir sin las glándulas suprarrenales. Es común sufrir de fatiga adrenal, una enfermedad que se debe a los altos niveles de estrés del mundo moderno.

El cansancio, la debilidad, tener antojo de sal, azúcar y cafeína y sufrir de problemas para dormir son síntomas de **fatiga adrenal**. Se puede deber a trabajar demasiado o a haber sufrido estrés durante un lapso de tiempo muy prolongado. Esto puede llevar a la depresión y a otras enfermedades graves. Pregúntate: «¿Soy demasiado responsable y cuido de los demás más que de mi mismo?» «¿Disfruto realmente de la vida y de lo que hago?» La solución en este caso es cuidar de ti mismo y hacer algo que te de alegría.

Algunas enfermedades de la suprarrenal menos frecuentes son el **Síndrome de Cushing** que surge a partir de tener niveles elevados de cortisol y la **enfermedad de Addison** que surge a partir de tener niveles bajos de cortisol. Existe un tratamiento para ambas en el que se aumenta o se disminuye la cantidad de cortisol, pero las causas subyacentes y las soluciones son las mismas que para la fatiga adrenal.

VEJIGA

Los riñones eliminan las toxinas en forma de orina a través de la vejiga. La vejiga también puede desarrollar piedras que es necesario quitar mediante una cirugía o que pueden disolverse naturalmente.

Al igual que con los riñones, los problemas de vejiga se producen por no eliminar los pensamientos y sentimientos que necesitas liberar. Esto nace del miedo a perder el control. A veces esto desemboca en **piedras en la vejiga** y otras veces en **incontinencia**, una afección que te fuerza a enfrentar la pérdida del control.

El cáncer de vejiga es mucho más común en fumadores que en no fumadores, por lo que dejar de fumar no solo ayuda a prevenir el cáncer de pulmón, también previene el cáncer de vejiga. Físicamente, para prevenir o ayudar a curar **infecciones de vejiga** o **cáncer de vejiga**, es bueno tomar mucha agua para facilitar la eliminación, y acompañar esto con el pensamiento de: «Esta es el agua de la vida que me purifica para dar el siguiente paso en el camino de mi vida». Los problemas de vejiga pueden indicar que has acumulado enojo del pasado inconscientemente. Es hora de soltar todo el enojo y el resentimiento y disfrutar de lo que ofrece la vida.

ESTÓMAGO, INTESTINOS Y COLON

El estómago secreta ácido clorhídrico para facilitar la digestión de la comida. El ácido también mata muchas bacterias presentes en la comida que, de no eliminarlas, nos podrían enfermar. La mayoría de la digestión propiamente dicha ocurre en el intestino delgado y, hasta cierto punto, en el intestino grueso (también llamado colon). El intestino delgado se encarga del 90% de la digestión y absorción de las vitaminas y minerales de la comida, y el colon completa el proceso encargándose de los elementos más difíciles de digerir y extrae el agua para devolverla al cuerpo.

Las úlceras de estómago o de intestino delgado, según fuentes médicas, se producen a causa de bacterias, del abuso de alcohol y otras sustancias o del uso prolongado de ibuprofeno. Sin embargo, una de las causas físicas subyacentes puede ser una dieta pobre que no incluye verduras, en especial la crucíferas, como el repollo y el brócoli. Una causa más profunda es la incapacidad de digerir lo que está ocurriendo en tu vida, por lo que sientes miedo e incluso enojo. En ese caso, la solución puede ser examinar eso que temes. Pregúntate: «¿Tengo miedo del futuro?» o «¿Hay algo en el presente que no puedo aceptar?» Entregarte y aceptar profundamente eso que te atemoriza te ayudará a superar este problema físico.

La **apendicitis** y **la enfermedad de Crohn** afectan el extremo final del intestino delgado. La **celiaquía** también afecta al intestino delgado. Tanto la enfermedad de Crohn como la celiaquía están en un aumento alarmante. Son enfermedades autoinmunes causadas por una inflamación que provoca que el cuerpo se ataque a sí mismo. Como con las úlceras, pregúntate: «¿Qué es lo que no puedo aceptar?» «¿Soy demasiado perfeccionista y siento que nunca hago las cosas del todo bien?» «¿Siento que perdí el control de mi vida?» Las enfermedades asociadas a la excreción llevan cierto estigma, por lo que puede que tengas algún conflicto con la vergüenza o la culpa. También puede que albergues resentimientos. Observa estas posibles causas, practica el amor propio y suelta esos sentimientos para que puedas avanzar con tu vida.

El colon es susceptible de muchas enfermedades, como el síndrome de colon irritable, la colitis, la constipación y el cáncer de intestinos. Comer más fibra y hacer ejercicio son hábitos saludables que se pueden adoptar para mejorar la salud intestinal, pero conocer las causas subyacentes y las soluciones mencionadas ayudarán a remediar estas afecciones de raíz.

ÚTERO, OVARIOS Y SENOS EN MUJERES
PENE, TESTÍCULOS Y PRÓSTATA EN HOMBRES

La **endometriosis** y los **fibromas uterinos** pueden aparecer por querer crear algo pero de una manera inapropiada. Si eres una mujer que sufre alguna de estas afecciones, pregúntate: «¿Qué es lo que realmente deseo crear?» Encuentra una manera saludable de hacerlo.

El **cáncer de ovarios** y el **cáncer de cuello uterino** pueden surgir a partir de sentimientos ambivalentes con respecto a la femineidad, del miedo a envejecer y de la preocupación acerca de a qué podrías todavía dar a luz en el mundo. El cáncer de cuello uterino es un 70% más común en mujeres que han tenido **verrugas vaginales**, que podrían, a su vez, surgir a partir de sentimientos ambivalentes y vergüenza con respecto al sexo. La solución podría ser apreciar la femineidad por toda la alegría y disfrute que brinda a través del cuerpo a cualquier edad. Concéntrate en las cosas que deseas hacer porque te generan alegría.

El **cáncer de mama** puede señalar conflictos con la madre o ambivalencia con respecto a ser mujer y resentimiento al nutrir a otros. Las soluciones son explorar tu propia creatividad y nutrirte con lo que te da alegría.

Las enfermedades de transmisión sexual tienen causas subyacentes de vergüenza, de deshonrarte a ti mismo y de necesitar un castigo. La cura está en perdonarte profundamente por las elecciones que has hecho en el pasado, y amarte y aceptarte a ti mismo. Siéntete empoderado y vital.

La **disfunción eréctil** puede surgir a partir de sentimientos ambivalentes acerca del sexo asociados a la vergüenza o al miedo a envejecer o a perder la masculinidad, y puede que también existan conflictos con el padre o la madre. El **cáncer de próstata o de testículos** tiene causas similares.

La solución para estas afecciones es amar cada aspecto de tu cuerpo, incluyendo los órganos sexuales y su función. Visualízate como una persona poderosa que logra alcanzar sus metas.

HUESOS, ESPALDA Y ARTICULACIONES

Aproximadamente la mitad de las mujeres estadounidenses y uno en cuatro hombres son propensos a sufrir una fractura ósea a medida que envejecen, con la posibilidad de no recuperarse nunca por completo. Los huesos están vivos y se fortalecen mediante el ejercicio, por eso es indispensable ejercitarse. Según las estadísticas actuales, dar caminatas regularmente reduce el riesgo de ataque cardíaco y ACV en un 31%. Caminar también ayuda a prevenir y curar la obesidad, que está aumentando drásticamente en los países de ingresos medianos y altos. Estudiemos ahora las causas subyacentes de los problemas de huesos, espalda y articulaciones.

Tener sobrepeso y no hacer ejercicio son causas típicas de los problemas de espalda y de articulaciones pero también existen otras. La **obesidad** surge a partir de comer demasiado o de consumir alimentos «malos» que tienen demasiada grasa, almidón o azúcar, como es el caso de la comida envasada y la comida rápida. La causa subyacente puede ser la búsqueda de una satisfacción fácil o inmediata debido a una baja autoestima y miedo al fracaso. Esto se asocia a la autocondenación. Pregúntate: «¿Me identifico con estos ejemplos?» Si es así, la solución es fijar un objetivo y recibir apoyo para comprometerte con él. Esto aumentará tu autoestima y sentido del éxito. A medida que mejore tu salud, tendrás más energía para cumplir más objetivos y ganarás más años de vida para hacerlo.

Otra causa de los **problemas de espalda, ciática** y **fracturas óseas** puede ser el abstenerse de hacer algo. Pregúntate: «¿Creo en que puedo conseguir mis objetivos?» «¿Necesito un descanso después de todo lo que he hecho?» «¿Tengo el apoyo de los que me rodean?» La solución es tomarse el tiempo para hacer una pausa positiva, no para hundirse en el resentimiento y la frustración. Descansa y contempla qué es lo que te haría feliz, comprométete con ese objetivo y comienza.

Una de las causas de la **osteoartritis** y de la **artritis reumatoidea** es sentir resentimiento por ser el que hace todo o la mayoría de las cosas, como si uno dijera: «¡Mira todo lo que hago!» o «¿Por qué nadie me ayuda?» Este sentimiento puede ser de autocrítica por no estar haciendo lo suficiente o puede ser una crítica hacia otras personas porque no se esfuerzan. Una solución podría ser aceptarte y amarte incondicionalmente a ti mismo y a los demás, y otra solución podría ser agradecer todo lo que tienes en la vida incluyendo a todas las personas que conoces sin cambiar nada. Todo es perfecto como es.

PIEL Y ALERGIAS

La piel es el órgano más grande y nos separa físicamente de los demás. Si tienes problemas de piel como **eczema, psoriasis** o **forúnculos,** puede que haya algo en ti que desea salir. Pregúntate: «¿Siento enojo o miedo de las personas?» «¿Siento que no me aman o que soy difícil de amar?» Las soluciones para estos pensamientos negativos son el amor propio, el autocuidado y bajar el estándar de perfección tanto para ti mismo como para los demás.

Las alergias afectan la piel pero pueden atacar cualquier órgano. Si producen una reacción mortal, entonces por supuesto habría que evitar el alérgeno. Sin embargo, si descubres que tu piel comienza a reaccionar ante nuevos alérgenos, reflexiona sobre lo que comentamos en el párrafo anterior y pregúntate: «¿Qué aspecto o situación de la vida me da alergia?» La solución es recibir y aceptar la vida de todo corazón y ver el lado bueno de todas las cosas en lugar de ser pesimista, quejarse y negarse la alegría.

CONCLUSIÓN

Como puedes observar, las causas de la mayoría de los problemas físicos son sentir culpa, resentimiento, enojo o desesperanza. Y por debajo de estas emociones negativas suele haber una razón más profunda asociada al amor. La solución, si estás en duda sobre cómo sanarte, probablemente sea amarte a ti mismo, a otros y a la vida de manera INCONDICIONAL.

SIGNOS DE TRANSFORMACIÓN ESPIRITUAL

Responde estas preguntas fáciles y rápidas y descubre si estás atravesando una transformación espiritual.

☐ Si ☐ No | 1. ¿Tienes dudas sobre lo que estás haciendo en algún aspecto de tu vida?

☐ Si ☐ No | 2. ¿Te sientes abrumado?

☐ Si ☐ No | 3. ¿Se ha vuelto más difícil últimamente controlar las emociones y lloras o te enojas con mayor frecuencia?

☐ Si ☐ No | 4. ¿Sientes que ya no puedes hacer las mismas cosas o ser la misma persona que antes y aun así no sabes qué pasos tomar para cambiar?

☐ Si ☐ No | 5. ¿Ya no te identificas con tu antiguo rol de padre o madre, pareja, amigo o colega y deseas cambiar tus relaciones?

☐ Si ☐ No | 6. ¿Sientes que estás viviendo una fracción de todo lo que en verdad eres y deseas descubrir la totalidad de tu ser?

☐ Si ☐ No | 7. ¿Sientes una ansiedad generalizada y preocupación y deseas cada vez más encontrar paz y felicidad?

☐ Si ☐ No | 8. ¿Te has cansado de la felicidad fugaz que da comprar un auto nuevo, una casa, irse de vacaciones, etc. y ahora deseas encontrar una sensación de paz duradera?

☐ Si ☐ No | 9. ¿Te sientes fuera de control?

☐ Si ☐ No | 10. ¿Observas que las otras personas ya no se sienten a gusto contigo, reaccionan de manera diferente y algunas amistades y relaciones terminaron?

☐ Si ☐ No | 11. ¿Sientes que tu vida pasó a ser un territorio desconocido en el que no conoces las reglas?

☐ Si ☐ No | 12. ¿Comenzaste a cuestionar los valores que habías defendido toda tu vida?

☐ Si ☐ No | 13. ¿Te interesan los temas espirituales y las formas de desarrollar tus dones espirituales para volverte más auténtico?

Si, además de responder que sí a estas preguntas, afirmas también que te identificas con las siguientes dos preguntas, significa que los signos de transformación espiritual en ti son más intensos:

☐ Si ☐ No | 14. ¿Has sufrido una gran crisis en tu vida como un problema de salud, la muerte de un ser querido, el fin de una relación o un conflicto profesional?

☐ Si ☐ No | 15. ¿Te sientes espiritualmente perdido?

Si la mayoría de tus respuestas a estas preguntas fue **SÍ**, estás atravesando una transformación espiritual. Aunque te sientas abrumado y estresado por todo lo que está ocurriendo tanto interior como exteriormente en tu vida, esta transformación es positiva. Has aprendido y crecido todo lo posible hasta este momento a cargo de tu ego o personalidad. Ahora tu alma te está llamando para que encarnes tu REAL y auténtico ser.

Para encontrar **más información, ejercicios y soluciones**, haz clic en
myspiritualtransformation.com

RECURSOS ADICIONALES DE UTILIDAD

* Estoy desarrollando un curso autodidacta y online llamado *Autosanación con la inteligencia corporal* para ayudarte a trabajar en mayor profundidad con tu inteligencia corporal sobre todos los temas mencionados en este libro. El curso incluye un cuaderno de trabajo con audios en mp3 para estudiar tanto solo como en grupo y estará disponible en el otoño de 2022 en: **https://www.myspiritualtransformation.com/**

* Para trabajar más en la superación de los miedos mencionados en el *capítulo 4: ¿Los miedos tironean de tu correa?*, recomiendo el curso autodidacta *Transforma tus miedos*. Incluye un cuaderno de trabajo de 70 páginas con 4 audios en mp3 y 2 videos y está disponible en: **https:// www. myspiritualtransformation.com/product/fear-transformed-self-study/**

* Para limpiar tu cuerpo etérico de las formas-pensamiento negativas mencionadas en el *capítulo 6: Creencias negativas... ¡Fuera!* y en el *capítulo 8: Eres un holograma*, recomiendo el curso autodidacta *Transfórmate*, que incluye un cuaderno de trabajo de 70 páginas y 4 audios en mp3 con visualizaciones guiadas para limpiar el cuerpo etérico, el canal central y para eliminar las formas-pensamiento negativas. Está disponible en: **https://www.myspiritualtransformation.com/product/transform-yourself-self-study/**

* Para examinar los guiones de vida familiares y ancestrales en mayor detalle, como mencionamos en el *capítulo 5: Libérate de los guiones de vida heredados*, recomiendo nuestro curso autodidacta *Sanación ancestral y familiar* que incluye un cuaderno de trabajo con muchos ejercicios y 9 mp3s y videos. Está disponible en: **https://www. myspiritualtransformation.com/product/ancestor-family-healing/**

* Con respecto a la evolución espiritual de los animales, los pájaros, los peces, los árboles, las plantas y los minerales mencionada en el *capítulo 16: Descubre la conciencia de los animales, los pájaros y los peces* y en el *capítulo 17: Descubre la conciencia de los árboles, las plantas y los minerales*, puedes encontrar más información en el libro *Decoding Your Destiny* de Tanis Helliwell.

✱ Con respecto a los elementales y a otras formas de vida que están evolucionando en la Tierra y en otros planetas, como mencionamos en el *capítulo 18: Bua Bua Bua todo el camino a casa*, puedes encontrar más información en los libros de Tanis Helliwell *Decoding Your Destiny, Un verano con los duendes, Pilgrimage with the Leprechauns, High Beings of Hawaii* y en *Hybrids: So you think you are human.*

AGRADECIMIENTOS

Este libro no habría sido posible de no ser por el enorme esfuerzo y tiempo que dedicó Simon Goede para ayudarme a aclarar algunos temas complicados alentándome a dar ejemplos para ilustrar lo que torpemente intentaba explicar. Agradezco su paciencia durante todo el proceso de edición.

Donna Miniely vino al rescate para elevar esta obra a nuevos niveles de claridad con su característica amabilidad en cada conversación que tuvimos. Gracias también a Merle Dulmadge quien aportó más sugerencias.

Quiero agradecer a Patrick Crean por alentarme amablemente a transformar el primer borrador, que era bastante intelectual y frío, en un libro amigable para el lector con ejercicios para poner en práctica en la vida cotidiana. Me gusta compararlo con un gran maestro cocinero que prueba el plato una y otra vez y agrega los condimentos indicados hasta que queda perfecto.

También quiero dar las gracias a Steve Roberts quien, con su profundo conocimiento antroposófico, me ayudó a aclarar ciertos puntos que muchos habrían encontrado turbulentos. Finalmente, cuando llegó el momento de lo que esperaba que fuera la última edición, Janet Rouss, Jenny Lou Linley y Connie Phenix entraron de lleno para dar los últimos toques creativos.

Además, gracias a mi amiga Monika Bernegg quien lee todas mis obras y con su ojo de lince encuentra cosas para mejorar incluso después de la doceava edición. Y la edición final de la extraordinaria maestra Olga Sheean, quien pulió aun más *Buen día, Henry* y ahora, ocho años después, puedo decir: terminado.

Estoy también muy agradecida con Ornella Quinteros quien tradujo este libro al español. Gracias de corazón.

LIBROS ÚTILES

Aunque esto no es una bibliografía propiamente dicha, hay muchos libros que me han influenciado a lo largo de los años. Incluyo algunos de ellos que provienen de tradiciones espirituales tanto orientales como occidentales, y también algunos con matices científicos.

SOBRE LA IMPORTANCIA DEL CEREBRO, EL CORAZÓN Y LA NUEVA CIENCIA

Rudolph Ballentine, MD., *Sanación radical*, Three Rivers Press, New York, 1999.

Gregg Braden, *La ciencia del autoempoderamiento: despertar la nueva historia humana*, Hay House, 2019.

Bill Bryson, *El cuerpo humano*, Doubleday Canada, 2019.

Dana Cohen y Gina Bria, *Apaga tu sed*, Hachette Books, NY, 2018.

Joe Dispenza, *Sobrenatural: Gente común y corriente haciendo cosas extraordinarias*, Hay House, 2019.

Norman Doidge, MD., *El cerebro se cambia a sí mismo*, Penguin Books, 2007.

Louise Hay, *Sana tu cuerpo*, Hay House, CA, 1994.

Robert Lanza, MD., *Biocentrismo: La vida y la conciencia como claves para entender la naturaleza del universo*, BenBella Books, Dallas, TX, 2010.

Sayer Ji, *Regenérate,* Hay House Inc., NY, 2020.

Bruce Lipton, *La biología de la creencia*, Hay House Inc., CA, 2015.

Rollin McCraty, Mike Atkinson, Dana Tomasino, Raymond Trevor Bradley, *The Coherent Heart*, Institute of HeartMath, 2006.

Lynn McTaggart, *El campo,* Harper Perennial, 2008.

Andrew Newberg, *Cómo cambia Dios tu cerebro,* Ballantine Books, New York, 2010.

Christiane Northrup, *Hazte la vida fácil: Guía sencilla para vivir una vida divina e inspirada*, Hay House, 2018.

Alberto Villoldo, *La medicina del espíritu*, Hay House Inc., CA, 2015.

Anthony William, *Médium médico*, Hay House Inc., CA, 2015.

SOBRE LA CONCIENCIA DE LOS ANIMALES, LOS ÁRBOLES, LAS PLANTAS

Temple Grandin y Catherine Johnson, *El lenguaje de los animales: una interpretación desde el autismo,* Schreibner, New York, 2006.

Tanis Helliwell, *Un verano con los duendes*, Wayshower Enterprises, BC, 1997 y 2011.

Jeffrey Masson y Susan McCarthy, *Cuando lloran los elefantes*, Delta Book, New York, 1995.

Rupert Sheldrake, *De perros que saben que sus amos están camino a casa,* Three Rivers Press, New York, 2011.

David Suzuki, *El equilibrio sagrado*, Greystone Books, Vancouver, BC, 1997.

Peter Tompkins y Christopher Bird, *La vida secreta de las plantas,* Harper & Row, NY, 1973.

Peter Wohlleben, *La vida interior de los animales*, Greystone Books, Vancouver, BC, 2017.

Peter Wohlleben, *La vida secreta de los árboles*, Greystone Books, Vancouver, BC, 2016.

SOBRE LA ATENCIÓN PLENA Y LA CONCIENCIA

Ram Dass*, Paths to God: Living the Bhagavad-Gita,* Three Rivers Press, New York, 2004.

Matthew Fox, *La bendición original*, Jeremy Tarcher, New York, 2000.

Gangaji, *El diamante en tu bolsillo*, Sounds True, Boulder, CO, 2005.

David Hawkins, *El ojo del yo*, Veritas Publishing, Sedona, AZ, 2001.

David Hawkins, *Yo, realidad y subjetividad*, Veritas Publishing, Sedona, AZ, 2003.

David Hawkins, *Trascender los niveles de conciencia*, Veritas Publishing, Sedona, AZ, 2006.

Tanis Helliwell*, Decoding Your Destiny*, Wayshower Enterprises, Vancouver, BC, 2011.

Tanis Helliwell, *Manifest Your Soul's Purpose*, Wayshower Enterprises, Vancouver, BC, 2012.

Jean Houston, *The Wizard of Us,* Atria, New York, 2012.

Catherine Ingram, *Presencia apasionada*, Gotham Books, New York, 2003.

Gopi Krishna, *Kundalini: The Evolutionary Energy in Man*, Shambhala, Boston, 1997.

Jack Kornfield y Joseph Goldstein, *La sabiduría del corazón*, Shambhala, Boston, 1987.

Jack Kornfield, *Camino con corazón*, Bantam Books, New York, 1993.

Gerald G. May, *La noche oscura del alma*, HarperOne, New York, 2004.

Juan Mascaro, traductor de *El Bhagavad-Gita,* Penguin Books, New York, 1962.

Franklin Merrell-Wolff, *Pathways Through to Space*: *A personal report of transformation in consciousness*, The Julian Press, New York, 1973.

Patánjali, *Como conocer a Dios: los aforismos de yoga de Patánjali,* traducido por Swami Prabhavananda y Christopher Isherwood, Vedanta Press, CA, 1953.

Prajnaparamita, *Wings of Freedom*, Dharma Chakra Publications, The Netherlands, 2019.

Michael Roads, *From Illusion to Enlightenment*, Six Degrees Publishing Group, Portland, OR, 2017.

Richard Rudd, *Las claves genéticas,* Watkins, London, UK, 2013.

Michael Singer, *La liberación del alma*, New Harbinger Publications, Oakland, CA, 2007.

Michael Singer*, El experimento rendición*, Harmony, New York, 2015.

Sri Aurobindo, *A Greater Psychology*, Jeremy Tarcher, New York, 2001.

Rudolf Steiner, *Cómo se alcanza el conocimiento de los mundos superiores,* Anthroposophic Press, Great Barrington, MA, 2002.

Rudolf Steiner, *Teosofía,* Anthroposophic Press, New York, 1994.

Eckhart Tolle, *El poder del ahora*, New World Library, Novato, CA, 1998.

Eckhart Tolle, *Una nueva tierra,* Dutton, NY, 2005.

Two Disciples, *The Rainbow Bridge*, the Triune Foundation, Escondido, CA, 1981.

Paramahansa Yogananda, *Autobiografía de un yogui*, Self-Realization Fellowship, Los Angeles, 1946.

Paramahansa Yogananda*, La ciencia de la religión,* Self-Realization Fellowship, Los Angeles, 1982.

Paramahansa Yogananda*, La búsqueda eterna,* Self-Realization Fellowship, Los Angeles, 1975.

Paramahansa Yogananda, *El romance divino,* Self-Realization Fellowship, Los Angeles, 1986.

Paramahansa Yogananda, *El viaje a la iluminación,* Self-Realization Fellowship, Los Angeles, 1997.

Paramahansa Yogananda, *El Bhagavad-Gita,* Self-Realization Fellowship, Los Angeles, 1995.

Paramahansa Yogananda, *La segunda venida de Cristo,* Self-Realization Fellowship, Los Angeles, 2004.

AUDIOS EN MP3

https://www.myspiritualtransformation.com/audio/:

Tanis Helliwell, *El Elemental del Cuerpo (The Body Elemental)*

Tanis Helliwell, *Rise of the Unconscious*

Tanis Helliwell, *Eliminating Negativity*

VIDEOS

Tanis Helliwell, *Hybrids: So you think you are human*

Tanis Helliwell, *Elementals and Nature Spirits*

SOBRE LA AUTORA

Tanis Helliwell ha dado talleres sobre transformación y sanación a nivel internacional durante 30 años. Es una psicoterapeuta de vanguardia, reconocida por dedicarse a sanar los traumas y patrones físicos, emocionales y mentales. Tanis enseña sus técnicas en todo el mundo a grupos de psiquiatras, médicos, psicoterapeutas y al público general.

Además de ejercer como psicoterapeuta y dar talleres, trabajó durante 30 años consecutivos como consultora para empresas, universidades y para el gobierno para crear organizaciones sanas y para ayudar a las personas a desarrollar su potencial personal y profesional. Fue profesora del Centro Banff del Liderazgo durante más de 20 años y trabajó para IBM y para numerosas asociaciones médicas, servicios sociales y agencias medioambientales.

Tanis Helliwell es una oradora principal muy solicitada con conocimientos agudos que pueden aplicarse a diferentes disciplinas. Se ha presentado en conferencias en las cuales disertó junto con Rupert Sheldrake, Bruce Lipton, Matthew Fox, Barbara Marx Hubbard, Gregg Braden, Fritjof Capra, y Jean Houston. Entre estas conferencias se encuentra *La conferencia de ciencia y conciencia* de Albuquerque, *La sociedad mundial del futuro* en Washington, DC y las conferencias de *Espiritualidad en los negocios* en Boston, Toronto, Vancouver y Mexico. También disertó en, Hollyhock, A.R.E. Edgar Cayce, Alice Bailey y en eventos antroposóficos.

En el año 2000, fundó el Instituto Internacional para la Transformación (*International Institute for Transformation) (IIT*) en el que desarrolla programas para ayudar a las personas a volverse creadores conscientes y trabajar con las leyes espirituales que gobiernan este mundo. Tanis enseña cada año en el Reino Unido, Países Bajos, Alemania, Suiza, Estados Unidos y Canadá así como en Suecia, Francia y otros países. A partir del 2020, como viajar se ha vuelto más dificultoso, Tanis comenzó a dirigir cursos online en vivo como Transfórmate, Co-crear con los espíritus de la naturaleza para sanar la Tierra y Sanación ancestral y familiar.

Es autora del clásico **Un verano con los duendes** y de *Pilgrimage with the Leprechauns, Take Your Soul to Work, Manifest Your Soul's Purpose, Decoding Your Destiny, Hybrids* y *The High Beings of Hawaii: Encounters with mystical ancestors*. Sus libros se han traducido a 8 idiomas.

Su compromiso es ayudar a las personas a desarrollar una relación positiva consigo mismos, con los demás y con la Tierra.

Tanis Helliwell
1766 Hollingsworth Rd.,
Powell River, BC, Canada V8A 0M4
Correo electrónico: tanis@tanishelliwell.com
Sitios web: tanishelliwell.com, myspiritualtransformation.com
facebook.com/Tanis.Helliwell

LIBROS:

- The Leprechaun's Story
- High Beings of Hawaii: Encounters with mystical ancestors
- Hybrids: So you think you are human
- Un Verano con los Duendes (Summer with the Leprechauns)
- Pilgrimage with the Leprechauns: a true story of a mystical tour of Ireland
- Decoding Your Destiny: keys to humanity's spiritual transformation
- Manifest Your Soul's Purpose
- Embraced by Love

VIDEOS

1. Elementals and Nature Spirits
2. Hybrids: So you think you are human

MP3S DISPONIBLES EN NUESTRO SITIO WEB

Series A — The Self-Healing Series: Talk and Visualization

1. El Elemental del Cuerpo: Sanándote con tu Elemental del Cuerpo
   (The Body Elemental / Healing with the Body Elemental)
2. Rise of the Unconscious / Your Basic Goodness
3. Reawakening Ancestral Memory / Through the Veil Between the Worlds

Series B — Colección de transformación espiritual: charla y visualización

1. The Celtic Mysteries / Quest for the Holy Grail
2. The Egyptian Mysteries / Initiation in the Pyramid of Giza
3. The Greek Mysteries / Your Male and Female Archetypes
4. The Christian Mysteries / Jesus' Life: A Story of Initiation
5. Address from The Earth/ Manifesting Peace on Earth

Series C – Colección de crecimiento personal: dos visualizaciones

1. Path of Your Life / Your Favorite Place
2. Eliminating Negativity / Purpose of Your Life
3. Linking Up World Servers / Healing the Earth

www.ingramcontent.com/pod-product-compliance
Lightning Source LLC
Chambersburg PA
CBHW071323120626
46546CB00002B/419